고고한 삶을 채우는
작은 기름병 하나

Little Pot of Oil, A
by Jill Briscoe

Originally published in English under the title:
Little Pot of Oil, A by Jill Briscoe
Copyright ©2003 by Jill Briscoe
Published by Multnomah Publishers, Inc.
601 N. Larch Street, Sisters, Oregon 97759 USA
All rights reserved.

All non-English rights are contracted through :
Gospel Literature International,
PO Box 4060, Ontario, CA 91761-1003, USA

Korean translation copyright © 2005 by Timothy Publishing House
Kwan-Ak P.O.Box 16, Seoul, Korea

이 책의 한국어판 저작권은 Multnomah Publishers Inc.와의 독점판권 계약에 의해
도서출판 디모데에 있습니다. 저작권법에 의하여 한국 내에서 보호를 받는 저작물이므로
무단 전재와 무단 복제를 금합니다.

차고 넘치는 삶의 비밀

곤고한 삶을 채우는
작은 기름병 하나

질 브리스코 지음 **원혜영** 옮김

도서출판 디모데

차 례

서론
남은 것이 전혀 없을 때에도 희망을 버리지 말라

1장 거룩한 영은 누구인가?
　우리의 공허함을 채워주는 분 알아가기 》》13

2장 기름을 부으오너 채워주소서
　작은 기름병 이야기 》》35

3장 모든 것을 담는 기름병
　충만한 삶의 비밀 》》67

서론

남은 것이 전혀 없을 때에도
희망을 버리지 말라

 이런 감정을 느껴보았는가? 삶의 활기를 잃어가고 침몰하고 있다는 끔찍한 깨달음 말이다. 공기가 다 빠져나간 것처럼 힘이 다 빠져나간 느낌이다. 더 이상 선택할 수도, 생각할 수도 없는….

 집이나 돈을 몽땅 잃는 느낌이 어떤 것인지 알 것이다. 찬장이 텅 비어 있거나 아니면 찬장조차 없을지도 모른다. 어디로 가야 할지 혼란스러울지도 모른다. 실직했을지도 모른다. 그래서 앞으로 닥쳐올지도 모를 일에 대한 두려움으로 희망도 사라지고 에너지도 모두 빠져나갔을지도 모른다. 아니 돈은 많지만 인생의 의미를 잃었을지도 모른다. 그래서 가진 것은 많아도 여전히 텅 빈 느낌일지도 모른다.

사람들과 관계가 끊어진 경험을 해본 적 있는가? 누구에게나 일어날 수 있는 그런 일 뒤에는 비참함과 외로움이 기다리고 있다. 인생에 진정한 친구들이 없을지도 모른다. 아니면 결혼에 실패했거나 자녀들과의 관계가 소원하거나 죽을 만큼 사랑하는 사람을 잃었을지도 모른다.

또는 마음속이 공허하여 인내심, 이해력, 참을성 또는 믿음, 소망, 사랑, 기쁨이 다 바닥났는지도 모른다. 깨진 꿈, 탕진한 재산, 고통스러운 소송, 비참한 전직 또는 예기치 않은 잇단 실패 등으로 이제는 미래를 살필 힘이나 용기를 끌어 모을 수 없는 상태일지도 모른다.

> 또는 마음속이 공허하여 인내심, 이해력, 참을성 또는 믿음, 소망, 사랑, 기쁨이 다 바닥났는지도 모른다.

갑작스런 질병으로 건강을 잃지는 않았는가? 치료법이란 치료법을 다 써보았지만 아무 효과가 없었을지도 모른다. 평정심을 잃고 있거나 잘못된 것들을 바르게 고칠 시간이 없을지도 모른다. 또는 하고 싶었던 일을 할 수 있는 세월을 다 흘려보내고 지금 후회하고 있을지도 모른다.

어느 날 생일을 맞은 남편이 아침에 일어나서 머리맡에 놓여 있는 유쾌한 카드를 들여다보았다. 평소 자신의 말대로, 살아온 날들이 앞으로 살 날보다 훨씬 많다는 것을 아는 사람으로서 그는 이렇게 비꼬듯이 말했다. "나처럼 나이 든 사람도 이 카드처럼 젊어질 수 있을까?"

우리는 이유를 막론하고 아끼는 물건이나 소중한 사람을 갑작스럽게 잃는 것이 어떤 느낌인지 알고 있다. 하지만 우리에겐 절대 잃을 일이 없는 한 가지가 있는데, 바로 하나님이시다. 이 책은 바로 그 진실에 대해 말하고 있다. 이 진실을 마음속에 받아들이길 바란다. 왜냐하면 오직 이 진실을 알고 믿는 것의 여부에 따라 활기 없는 삶을 사느냐 반대로 충만하고 만족한 삶을 사느냐가 결정되기 때문이다.

우리와 영원히 함께하신다는 하나님의 약속을 우리는 알고 있다. 그 약속의 시간은 길고 긴 시간이다. 그런데 더욱 좋은 것은 하나님이 우리 안에서 살겠다고 약속하신 점이다. 즉 가진 게 아무것도 없는 우리를 채워주실 뿐만 아니라, 우리가 다른 사람을 위해 사랑으로 희생하고 그들을 섬길 수 있도록 매우 큰 사랑과 큰 능력과 큰 힘을 우리에게 주신다는 것이다.

하나님의 백성은 절대 낙심하지도 않고 자비와 인내와 희락이 바닥나지 않는다는 뜻일까? 하나님께 부족함이 전혀 없다는 것을 아는 사람들은 실제로 어떤 것을 잃든지 결코 개의치 않는다는 견해가 있다. 하지만 성경을 보면 그 말이 사실이 아니라는 것을 알 수 있다. 아래의 상황들을 생각해보라.

아담은 옷이 없었고 아벨은 숨이 끊어졌다.
므두셀라는 케이크에 꽂을 생일 초가 바닥났고 에녹은 시간이 없었다.
아브라함은 용기를 잃었고 하갈은 희망을 잃었다.
모세는 인내심이 없었고 여호수아는 싸우러 나갈 전투가 없었다.
갈렙은 산지를 잃었고 기드온은 판단력을 잃었다.
룻은 이단을 끊었고 다윗은 인내심을 잃었다.
솔로몬은 지혜를 잃었고 엘리야는 힘을 잃었다.
과부는 음식이 바닥났고 느헤미야는 일꾼을 잃었다.
에스더는 선택권을 잃었고 욥은 친구를 잃었다.
이스라엘은 노래를 잃었고 예레미야는 두루마리가 바닥났다.
요나는 하나님의 뜻을 어겼고 그때 고래는 먹이가 바닥났다.
스가랴는 말씀을 잃었고 요셉은 베들레헴을 떠났다.
세례 요한은 자비심을 잃었고 베드로는 믿음을 잃었다.
한 여인은 물이 바닥났고 많은 무리는 먹을 떡이 없었다.

한 젊은이는 의복이 없었고 어떤 군인들은 부대에서 쫓겨났다.

어떤 부부는 진실성이 바닥났고 교회는 첫사랑을 잃었다.

진실은 우리 모두가 타락한 세상에 살고 있다는 것이다. 이것은 때때로 하나님의 백성조차도 원천이 고갈된다는 것을 의미한다. 때때로 아무것도 소유한 것이 없어서 완전히 바닥이 드러난 느낌이 들 때가 있다. 그리스도인도 공허함이 어떤 느낌인지 잘 알고 있다. 하지만 여기에는 중요한 차이점이 하나 있다. 하나님은 그분의 백성이 아무것도 없을 때 가득 채우기 위해서 필요한 것을 주셨다. 그것은 우리 안에 계시는 하나님 자신이라는 놀라운 선물이다. 즉 우리가 성령이라 부르는 하나님의 인격이다. 내가 어린 시절 영국에서 자랐을 때 사람들은 그것을 거룩한 영(holy ghost)이라고도 불렀다.

1장

거룩한 영은 누구인가?
우리의 공허함을 채워주는 분 알아가기

　제2차 세계대전이 한창이던 여섯 살 무렵 폭격은 내 삶의 일부분이었다. 우리 가족은 리버풀(Liverpool)에 살았는데 그것은 좋은 생각이 아니었던 것 같다. 리버풀에 있는 조선소는 매일 밤 맹렬하게 폭격을 받았기 때문에 나는 분홍색 벽지로 된 작은 방에서 거의 잠을 이룰 수 없었다. 우리는 공습 사이렌이 들리기 시작할 때까지 기다렸다가 사이렌이 울리면 아버지가 우리 가족을 위해서 정원 끝에 파놓은 방공호로 서둘러 내려가야 했다. 죽음과 파괴의 끔찍한 소리가 시작되면 나는 그날 학교에서 드렸던 기도를 기억하려고 애썼다. 그러나 보통 기도문을 기억할 만큼 오래 집중할 수 없었다. 왜냐하면 다음 포격 소리가 언제 들릴지 기다리는 데 정신을 빼앗겼기 때문이다.

영국 여학생들은 매일 학교에서 드리는 기도 시간이 있다. 기도 시간이 되면 얌전히 질서 정연하게 줄을 서고 머리를 적당히 숙인 다음 손을 가지런히 모아서 신발을 내려다보았다. 지금 그때를 생각해보면 기도와 성경 읽기는 모든 영국 공립학교에서 매일 치르는 행사였다. 나는 정교분리가 되지 않은 것에 감사한다. 왜냐하면 우리 가족은 교회에 다니지 않았기 때문이다. 매일 아침 학교에서 '기도 모임'을 하지 않았다면 나 같은 영국 여학생이 어디에서 예수님에 대해서 들었겠는가?

나는 매일 여교장 선생님이 사도신경 읊는 것을 들었다. 학생들은 교장 선생님과 함께 사도신경을 읊어야 했고 그 덕분에 나는 사도신경을 조금 외우고 있다는 사실이 자랑스러웠다. 공습이 그치지 않고 계속되던 어느 우울한 밤에 나는 생각나는 대로 사도신경을 외느라 굉장히 노력해야 했다.

"전능하사 천지를 만드신 하나님 아버지를 내가 믿사오며…" 내가 기억하는 것은 그 정도였다. 나는 잠시 멈춰서 천지를 만드신 하나님께서 사랑한 인간이 그분의 작품을 괴롭힌 결과로 생긴 전쟁터의 즐비한 시체에 대해 어떻게 생각하실지 궁금해했다. '그렇게 심각하게 생각하지 않으시나봐.' 나는 다시 절망적인 생각에 빠져들었다.

'음, 그 다음은 뭐지?' 나는 다시 곰곰이 생각했다. '아, 맞다.' "그 외아들 우리 주 예수 그리스도를 믿사오니… 동정녀 마리아에게 나시고." 이 말이 도대체 무슨 뜻이었을까? 알 수 없었다. 하지만 머리 위로 날아다니는 폭탄의 끔찍한 소리를 차단하기 위해서라도 손으로 귀를 막고 그 말씀을 억지로 생각해내려고 혼자 중얼거렸다.

"성령을 믿사오며…" 갑자기 그 말에 집중이 되었다. '성령', 그런데 성령이 누구인가? 그 말은 이상하게 들렸고 약간 무섭기까지 했다. 나는 성령을 믿고 있나? 동생과 다른 모든 소녀들도 믿고 있을까? 아무도 이 신비스러운 말을 설명해준 적이 없었기 때문에 나는 리버풀의 지하 방공호 속에서 폭격을 당해 땅에 묻히기를 기다리는 겁먹은 아이를 성령이 어떻게 도와줄 수 있는지 전혀 알 수 없었다.

그리고 다음과 같은 진리를 알아내는 데 9개월이라는 시간이 걸렸다. 성령은 실제로 나의 심각한 상황을 아시고 나를 위해서 기도하고 계신 '위로자', '도와주시는 분', 그리고 '변호자'라는 것이었다. 그분은 내 마음을 꼭 붙드시고 나의 두려움을 없애주실 수 있는 분이라는 것이었다. 다시 말해서 하나님 그분만이 내 삶의 공허한 곳을 채워주실 수 있고 내가 공허해질 때 나를 가득 채워주실 수 있다는 것이다.

그 사실을 알았을 무렵 전쟁은 끝이 났고 영국과 우리 가족은 산산조각난 삶을 재건하기 시작했다. 그 당시 나는 열여덟 살이었고 대학을 다니며 내가 믿은 그 사소한 것의 의미를 이해하기 위해서 몸부림쳤다. 할 수 있는 최선의 방법을 동원하여 삶과 죽음에 대해서 알아내려 노력했지만 해답을 얻기란 쉽지 않았다. 그래서 그렇게 복잡하고 깊은 문제에 대해서 모두 잊으려고 했다. 나는 결국 내 죄를 합리화하려 했고 그것을 '성장 과정'이라고 불렀다.

나는 대학 생활을 즐기며 모험을 통해 도전할 수 있는 재미있는 일에 몰두했다. 나는 캠브리지 대학에 있는 교원 양성 기관에 참석할 특권을 받았다. 그곳에는 인생의 의미에 대해서 흔들리는 생각을 가진 사람들은 없는 것 같았다. 하지만 자세히 보니 옛것의 정취가 풍기는 조그마한 찻집과 아름다운 배움터에서 대화를 나눈 사람들은 정말로 무엇이 진실인지에 대해서 나처럼 혼란스러워하는 것 같았다. 자기만족의 삶이 답이 될 것 같았지만 마음속 깊은 곳에서는 내가 스스로에 대해 결코 만족하지 못하고 있다는 것을 알고 있었다. 실제로 나는 나 자신의 신이 되고 나 자신의 기도에 응답하는 능력을 급격히 잃어가고 있었다. 내 마음속에 어떤 것으로도 채울 수 없을 것 같은 커다란 구멍을 발견한 것이다.

그 일이 있은 후 나는 병원에 입원하게 되었는데, 그곳에서 예수 그리스도를 발견했다. 그리고 순식간에 모든 것이 변했다. 삶 속의 공허함이 믿을 수 없을 정도로 놀라운 아름다움과 소망으로 차 올랐다. 다음과 같은 찬송가처럼 말이다.

> 하늘은 더없이 파랗고
> 대지는 한없이 푸르네
> 살아 있는 것들은 저마다 생기가 넘치네
> 예수님의 눈이 아니라면 절대로 볼 수 없다네
> 새들은 아름답게 지저귀고
> 꽃들은 예쁜 얼굴을 한껏 뽐내고
> 나는 잘 알고 있다네
> 나는 그분의 것이라네 그분은 나의 것이라네
>
> - 조지 웨이드 로빈슨(George Wade Robinson)

'예수님의 눈이 아니라면'이라는 찬송이다. 나는 과거에 예수님의 눈으로 삶을 바라보지 않았다. 하지만 지금은 예수님이 병을 고쳐준 사람처럼 이렇게 증거할 수 있다. "내가 소경으로 있다가 지금 보는 그것이니이다"(요 9:25). 나는 예수님에 대해 그리고 나 자신과 세상에 대한 진리를 깨달았고 그 진리가 내 마음과 영혼을 가득 채우는 것을 느꼈다. 또한 전쟁에서 살아남은 것은 자신을 위해서가 아니라 폭격으로 인한 죽음과 죄로 인한 죽음에서 나를 구원하신 주님을 위해 살기 위함임을 깨달았다.

당시 나는 한 번도 교회에 나간 적이 없었기 때문에 이 모든 일은 완벽하게 낯선 새로움이었다. 역시 하나님의 말씀은 보물 상자였다. 그 일이 있은 후 나는 성경책을 사서 딱딱한 표지를 넘겨보았다. 이상하게도 성경을 읽으면서 말씀에 대한 질문이 생기기 시작했고 다른 그리스도인들에 대해서 의문이 생겼다. 부끄럽게도 나는 성경에 너무 무지하여 바울 사도가 사도행전의 기자인지도 몰랐다. 또한 누가 성경을 번역했는지 궁금했다. 성경 말씀은 완벽하고 정확할까? 성경 자체가 주장하는 것은 무엇인가?

그런 다음 차츰차츰 10년 전, 방공호에서 끔찍한 밤을 보내며 품었던 질문을 다시 떠올렸다. 거룩한 영은 누구인가? 그 말을 생각하면 여전히 오래된 영국 묘지에 나타나는 흰 옷 입은 유령이 떠올랐다.

하지만 그 말은 성경에 나와 있었다. 따라서 그것은 분명히 중요했다. 언젠가 나를 주님께 인도한 한 상냥한 여자가 거룩한 영은 묘지와 전혀 관계가 없고 실제로 죽음보다는 생명과 관련이 있음을 가르쳐주었다. 거룩한 영 또는 성령은 어떤 사물이 아니라 한 위격이었다. 그리고 신적 존재였다. 성령은 나의 하늘 아버지와 예수 그리스도와 더불어 삼위일체의 동등한 일원이었다. 그리고 내 삶 속에 받아들일 수 있는 실제적 존재였다. 사실 나는 이미 성령을 받아들이고 있었다. 그리스도께 내 죄를 용서하시고 내 삶 속에 들어와 달라고 간구했을 때 이미 성령은 내 마음속에 거하고 계셨다.

> 누가 성경을 번역했는지 궁금했다. 성경 말씀은 완벽하고 정확할까? 성경 자체가 주장하는 것은 무엇인가?

"제 마음속에 들어오세요, 주 예수님." 그 당시 나는 우스꽝스러울 정도로 단순한 기도를 드렸다. 이제 나는 예수님을 초대할 때 진실로 그분이 영을 통해서 오셨다는 것을 확신한다. 몇 주가 지나면서 그분이 고요히 내 영혼 속에 거하고 계심을 점점 더 확실하게 알게 되었다. 중요한 것은, 성령이 어떻게 역사하시는지 배워야 했다는 점이다.

예를 들면 신약 성경을 읽기 시작했을 때 나는 고요하면서도 은밀한 도움을 받고 있음을 느꼈다. 킹 제임스 역본 성경의 딱

딱한 표지와 얇은 종이 사이로 누군가 말씀 위에 빛을 비추고 있는 것 같았다. 하나님의 말씀을 이해할 수 있도록 누군가 힘을 주고 있었다. 그리고 뜻밖에도 다음과 같은 예수님의 말씀을 발견했다. "진리의 성령이 오시면 그가 너희를 모든 진리 가운데로 인도하시리니"(요 16:13, KJV). 그리고 "그가 내 것을 가지고 너희에게 알리리라"(15절, KJV).

그래서 나는 거룩한 영이 나의 선생임을 이해하게 되었다. 내가 성경을 읽으면 그분은 내가 읽고 있는 것을 해석하셨고 그것을 내 삶에 적용하셨다. 복음이 나에게 현실이 되면서 궁금증으로 가득 찬 내 마음은 간절한 기대를 품게 되었다.

나는 믿기지 않는 이야기를 이해하려고 애쓸 때마다 흐느껴 울었던 일을 기억한다. 어떻게 아버지께서 아기를 품에 안고 천국의 계단을 내려와 건초에 그 아기를 내려놓으셨을까? 이 피곤한 세상을 뒤집어엎기 위해서 하나님 바로 그분이 인간의 형상을 하고 오셨다. 여자의 몸에서 태어난 그리스도를 찰스 웨슬리(Charles Wesley)는 다음과 같이 아주 아름답게 표현했다.

> "오늘 나신 예수는 하늘에서 내려와 처녀 몸에 나셔서 사람 몸을 입었네."

그리스도가 완벽하게 사셨다는 것을 믿어 의심치 않았다. 물론 그분은 완벽한 삶을 사셨다. 왜 아니겠는가? 하나님이신 그분은 우리와 같은 몸으로 우리가 걷는 길을 걸으셨고 우리가 먹는 음식을 드셨으며 우리가 자는 침대에서 주무셨고 우리가 겪은 기쁨과 슬픔을 겪으셨다. 그분은 우리를 가르치셨고 사랑하셨으며 책망하셨고 위로해주셨다. 성령은 하나님을 아는 방법과 섬기는 방법을 우리에게 보여주셨다. 그리고 이런 놀라운 사명을 감당할 수 있도록 우리를 무장시키고 강력한 힘을 주시기 위해 하나님은 성령을 세상에 보내셨다. 우리의 믿음이나 소망, 사랑이 바닥이 나기 시작할 때 우리를 채워주시고 그분의 뜻에 따라 살아갈 수 있도록 하기 위해서다.

우리의 모든 것은 하나님께 속해 있다

"당신의 모든 것 속에 하나님의 모든 것을 받아들이세요"라고 말하면서 예수 그리스도를 전했던 그 여인을 기억한다. 나는 그녀의 충고를 받아들였고 성령의 도우심으로 그리스도를 영접했을 때 하나님의 **성령**으로 그리스도의 모든 것을 받아들였다고 깨닫는 데 결코 어려움이 없었다. 우리가 누군가를 받아들일 때 그 사람의 일부분만 받아들일 수 없듯이 영 또한 그

한 '조각'만 받아들일 수 없다. 그때부터 지금까지 나는 다만 그분이 내 전부를 받아들이고 계신지 확인하는 일만 했을 뿐이다. 나는 이 신성한 손님에 대해서 할 수 있는 한 모든 것을 배우고 그분이 내 삶에 일으키는 구원의 역사, 만족케 하는 역사, 그리고 거룩하게 하는 역사에 협력할 필요가 있었다. 성령과 함께 보조를 맞추고 그분을 슬프게 하거나 낙담케 하거나 거스르거나 모욕하지 않기 위해서 노력할 때, 나는 공허해지는 대신 충만해졌고 나아가 그런 충만함을 다른 사람의 삶 속에 부어줄 수 있었다.

그리고 몇 년 동안 끊임없이 만족스럽고 변함없는 성령의 임재에 대해서 배웠다. 성령은 나를 구세주인 예수 그리스도께 인도했으며 그분을 알지 못하는 사람들을 향한 열정을 내 영혼 속에 불타오르게 하셨다. 무슨 말을 해야 할지 전혀 모를 때 기도하는 방법을 가르치며 성경 말씀을 설명해주고 그것을 철저하게 삶에 적용하게 하고 큰 은혜로 나를 감싸셨다. 내가 약할 때 힘을 주고 교만할 때 겸손하게 하며 죄에 민감해지게 하셨다. 성령의 임재가 필요할 때마다 그분은 나를 만나주셨다.

그리스도를 처음 소개해준 그 여인은 감사하게도 시간을 내서 나에게 끊임없이 그리스도를 설명해주었다. 그리스도를 구세주로 영접했을 때 비록 성령을 비롯해서 하나님의 모든 것을 정말로 받아들였을지라도 우리는 여전히 성령을 슬프게 할 때가 있다는 사실을 말해주었다. 또한 성실한 사람이 되고 믿음을 전하려고 하는 거룩한 의지가 바닥이 날 때도 있음을 가르쳐주었다. 매우 반갑기도 하고 놀라웠다. 때로는 그리도인도 힘든 시절을 지나거나 친구 때문에 낙심하는 때가 있을 것이다. 사랑하는 사람이 상처를 주거나 이유 없이 열정이 식어버릴 때도 있을 것이다. 때때로 주님의 마음을 미소 짓게 하는 행동을 하지 못할 때도 있을 것이다. 그녀는 그런 일이 일어날 때 우리가 가장 먼저 해야 할 일은 기도라고 말했다. 기도는 무언가를 이루기 위해 취하는 방법이 아니라 우리가 가야 하는 길이라는 것을 배웠다. 가장 중요한 것을 잃었을 때 우리는 하나님에게 가야 한다. 그러므로 거룩함을 잃으면 나는 거룩한 분에게 뛰어가야 한다. 그분은 나를 회복시키고 용서해주신다.

그것은 계속해서 무언가를 잃어버리고 있거나 끊임없는 공허감을 느끼는 사람에게 극히 중요한 말이다. 어떤 것이 바닥이 나고 있든지 간에 하나님에게 달려가기를 권한다. 믿음과 소망과 용기를 완전히 잃었을 때에 성령께 달려가서 힘과 영감을 달라고 할 수 있다. 결혼 생활에 문제가 있어서 배우자에게 버림당한다면 아무도 버리지 않는 하나님께 갈 수 있다. 거룩함을 잃고 진부해지며 마음속이 더럽다고 느껴질 때 당신은 결코 자비심을 잃지 않으시는 하나님께 달려갈 수 있다.

있는 힘을 다해 사역하느라 기력이 다 빠져나간다면 당신은 하나님께 달려갈 수 있다. 그분은 당신을 다시 채워주기 원하신다. 하나님의 말씀으로 기도할 때 우리는 그분의 충만함에 계속 잠겨 있을 수 있다. 그러므로 공허해질 필요가 없다.

> 기도는 무언가를 이루기 위해 취하는 방법이 아니라 우리가 가야 하는 길이다.

가르침을 받고 위로를 얻기 위해 우리는 성경을 볼 수 있다. 나는 회심한 이후로 며칠 동안 성경을 배웠다. 성령이 나에게 매우 많은 것을 보여주고 계셨기 때문에 그 거룩한 책을 내려놓을 수가 없었다. 대학을 다닐 때에는 강의 사이에 있는 쉬는 시간에 살짝 빠져나와 성경을 무릎 위에 놓고 읽었다. 성경의 여러 표현과 묘사들은 당시 나의 상황과 냉소주의자, 회의주의자, 철저한 불신자로 가득한 캠브리지 대학교 상황과 관련이 깊이 있는 것처럼 보였다. 마치 아버지가 나를 들어 올려 그분의 무릎 위에 앉히고 오직 나를 위해 수고하고 만드신 그림책을 보는 것 같았다.

나는 평생 영국에서 사는 것이 좋지 않다고 생각했다. 곳곳에 교회가 없는 곳이 없음에도 불구하고 영국은 성경적 교리에 대해서는 매우 무지했다. 나라고 왜 이전에 기독교 신앙에 대해서 연구하지 않았겠는가? 하지만 나 혼자만이 성경의 교리, 특히 성령에 대해서 무지한 게 아니라는 사실을 깨닫고 힘을 얻었다. 그리고 사도행전을 읽으면서 사도들도 성령에 대해서 혼란스러워했다는 것을 알게 되었다.

성령의 바람을 기다리라

예수님이 십자가에 못 박힌 이후 암울한 며칠 동안 제자들은 완전히 혼란에 빠졌다. 죽음이 언제 들이닥칠지 모른다는 두려움에 떨면서 그들은 은신처에 모였다. 제자들은 언제 관헌들이 들이닥쳐 그들을 예수님과 똑같이 십자가에 못 박을지 두렵기만 했다. 그들은 꿈과 계획을 잃었고 미쳐버린 세상 속에서 그리스도를 옹호하려는 용기를 잃었다. 이제 예수님은 돌아가셨고 그들은 그분의 이상과 가르침을 따라갈 수 있는 힘과 신념을 잃어버렸음이 분명했다. 그들은 극도의 공허감에 시달리며 지쳐 있었다.

하지만 그때 그리스도가 죽은 자 가운데서 살아나셨고 제자들은 죽은 자가 걸어다닌다는 소문을 들었다. 목격자들은 죽은 자들 가운데서 살아난 이가 예수님이라고 주장했다. 제자들은 예수님이 그들에게 하신 여러 가지 말씀을 기억하기 시작했다. 그 말씀은 예수님이 죽으시고 사흘째 되는 날에 죽은 자 가운데서 다시 살아나시리라는 약속이었다. 그럼에도 제자들은 예수님이 '확실한 많은 증거로' 친히 사심을 나타내실 때까지(행 1:3, KJV) 그 약속을 거의 믿지 못했다. 예수님은 무리 가운데 몇 명에게 나타나신 다음에 친히 한번에 그들 모두에게 나타나셨다. 단단히 잠긴 제자들의 은신처에 예수님이 나타나신 것이다. 이것은 누구도 의심할 수 없는 사실이었다!

그때서야 제자들은 그분이 다시 살아나셨음을 믿을 수 있었다. 어떻게 안 믿을 수 있겠는가? 하지만 그들은 여전히 나약하고 겁에 질려 있었으며 무엇을 해야 할지 확신하지 못했다. 특히 그리스도가 승천하신 이후에 예수님 없이 어떻게 사역을 해야 하는지 암담하기만 했다. 비록 예수님이 그들에게 '보혜사'를 보내주고 그분의 '영'을 부어주겠다고 약속하셨지만 그때까지도 제자들은 그 말의 의미를 전혀 알지 못했다. 제자들은 오순절까지 그런 혼란과 공허감에 빠져 있었다.

어릴 적에 오순절에 대해서 들은 적이 있다. 우리 학교는 심지어 그날을 기념해 쉬기도 했지만 사도행전에서 내가 읽은 오순절 사건은 학교에 가지 않아도 된다는 것보다 훨씬 더 놀랍고 중요했다. 120명의 남녀 제자들이 예루살렘에 있는 다락방에 함께 모여서 예수님이 그들에게 지시하신 대로 기다렸다.

그 당시에 그들은 몰랐지만 힘이 점점 더 바닥이 날 때 우리 모두가 해야 할 일을 하고 있었다. 그들은 성령으로 충만해지기를 기다리고 있었다. 그들은 강력한 바람을 기다리고 있었다.

그리고 그때 예수님이 약속하신 그대로 강력한 바람이 나타났다. 사람들은 마치 급한 바람 소리같이 강한 폭풍이 다가오는 것 같았다고 말했다. 성령을 받은 사람들은 예루살렘 거리로 뛰어나가서 그 소리가 무엇이었는지 알렸다. 그것은 전혀 변화될 것 같지 않은 사람에게 변화를 일으키고 그들이 결코 할 수 없는 일을 하게 했다. 하나님의 강력한 능력이 임해 제자들은 두려워서 말하지 못하는 것을 주저 없이 말하게 되고, 두려워서 가지 못한 곳에 가게 되었다. 하나님은 약속하신 그날에 오셨다. 그분은 우리 안에 거하시는 성령으로 오셨다. 그리고 그날 이후로 성령은 공허함에 빠지는 우리 모두의 혼란에 해답이 되어주셨다.

공허한 세상에 대한 소망

성령이 내 마음에 오신 이후로 벌써 50년이 지났다. 그분이 오순절 날 오신 이후로 거의 2천 년이 지났다. 그럼에도 불구하고 우리가 살고 있는 거의 대부분의 세상은 여전히 공허해하는 것 같다. 오순절의 그 바람을 기다리면서 말이다.

오순절 사건이 일어난 당시, 세상의 절반은 예수님에 대해서 한 번도 들은 적이 없었고 예수님에 대해서 들은 나머지 절반의 사람들은 예루살렘, 유다, 그리고 세상의 끝으로 흩어졌다. 그러나 점점 더 적대감을 드러내는 거리에서 메시지를 전하기에는 힘을 잃어가는 것처럼 보인다. 동시에 세상도 점점 종말을 향해 나가고 있는 듯 보인다. 소망도 점점 빠르게 사라지고 있다. 땅과 식량과 물이 고갈되고 있다. 숲과 천연 자원, 현금, 그리고 상품도 고갈되고 있다. 가장 기본적인 안식처와 생활 기본 필수품이 고갈되고 있다.

오늘날, 불안한 새천년의 시대에 사람들은 두려움 때문에 낙담하고 있다. 세상에서 평화가 사라지고 있는 건 아닌지 궁금하지 않은 사람이 어디 있겠는가? 높은 지위에 있는 사람들에게는 안보 위기에 대처할 확실한 해결책이 바닥이 나고 있는 것 같다. 심지어 부유층이 사는 곳에서도 나쁜 사람들이 창문으로 침입하여 아이들을 유괴하고 죽이고 강간한다. 지금 이런 종류의 책을 읽을 수 있는 부유한 세계의 사람들은 의미 있는 관계를 맺지 못하고 있다. 사람들의 필요를 채우기에는 사랑이 부족하다. 영원히 계속되는 것은 아무것도 없는 것 같다. 사람들은 목적과 의미를 잃어가고 있다. 많은 사람들은 지나치게

우울해하고 과식하며 필사적으로 위로와 친밀함을 갈구하고 있다. 교회에 다니는 사람들조차도 에너지가 바닥나서 맡은 사명을 실천하며 이 세대 사람들에게 나아가는 방법을 찾으려 하지 않는다.

오순절 이후 거의 2천 년 동안 세상은 여전히 바람을 기다리고 있다. 확실히 지금은 우리 모두의 삶 속에서 개인적인 오순절을 경험할 때다. 하나님의 숨으로 죽은 것이 소생케 되고 슬픔이 기쁨으로, 고통이 평안으로, 약함이 능력으로 변할 때다. 그 어느 때보다도 지금 우리의 삶과 공허해지는 세상을 치유하는 성령의 충만함이 필요하다. 나는 이것을 2001년 9월 어느 운명의 날에 절실히 느꼈다.

2001년 9월 11일에 나는 비행기를 타고 유럽에서 시카고로 가던 중이었다. 그날 비행기를 같이 탄 동료들이 했던 말은 오직 "집에 가고 싶어"였다. 그럴 만도 했다. 250명이나 되는 사람들이 뉴펀들랜드(Newfoundland)에서 오도 가도 못하고 있었기 때문이다.

끔찍하게도 두 대의 비행기가 세계 무역센터에 부딪혔을 때 우리는 대서양 상공을 나는 유나이티드 929편을 타고 있었다. 기장이 바다에 연료를 버리더니 캐나다에서 신속하지만 누가 봐도 확연한 비상 착륙을 시도했다. 비행기 창 밖을 가만히 내

> 확실히 지금은 우리 모든 삶 속에서 개인적인 오순절을 경험할 때다.

다보니 우리 비행기만 있는 것이 아니었다. 유럽에서 온 족히 50대가 넘는 비행기가 다음 절차를 기다리면서 질서 정연하게 활주로에 한 줄로 늘어서 있었다. 그때에도 우리는 여전히 무슨 일이 일어났는지 몰랐지만 곧 알게 되었다. 우리가 하늘에 떠 있는 동안 세상이 변했던 것이다.

우리가 탄 비행기는 12시간 동안 활주로에 있었고 승객들은 뉴펀들랜드 갬보(Gambo)에 있는 친절한 구세군 교회에서 엿새 동안 머물렀다. 이게 도대체 무슨 의미일까? 사람들이 모두 집에 가고 싶다는 생각만 할 때 우리는 궁금했다.

"집에 가고 싶어요"라고 어느 날 아침 식사 시간에 내 옆에서 커피를 마시려고 줄을 선 한 젊은 여자가 말했다. 그녀는 간절한 목소리로 중얼거렸다. 나는 집에서 그녀를 매우 걱정하는 사랑하는 가족이 분명히 기다리고 있을 것이라고 생각했다. 하지만 바로 내 생각이 잘못되었다는 것을 알았다. 사실 그녀의 집은 텅 비어 있었다. 그러나 그것은 그녀에게 중요하지 않았다. 그것은 누구에게도 중요한 것 같지 않았다. 문제가 있는 집이든, 기다리는 사람 없이 텅 빈 집이든 사람들은 여전히 집에 가고 싶어했다.

그들의 심정을 충분히 이해했다. 물론 나도 집에 가고 싶었다. 하지만 집에 가서 이미 돌아가신 지 몇 년이 지난 엄마에게 안겨 아픈 상처에 만병 통치약인 '뽀뽀'를 받았으면 하는 간절한 마음은 들지 않았다. 이상하게도 나는 분명히 그 상황을 받아들이고 있었다. 자세히 헤아려보니 그것이 어떤 감정인지 알 것 같았다. 나는 내가 처한 상황에 만족하고 있었고, 뉴펀들랜드에 머물고 있는 기간은 단지 하나님이 내 삶 속에서 역사하신 가장 음울한 엿새가 될 것이라는 어느 정도의 흥분과 기대감도 있었다. 너무나 익숙한 성령이 여전히 내 마음속에 머물고 계셨던 것이다.

"그냥 집에 가고 싶어요." 그 아름다운 여자는 다시 말했다.

나는 숨을 깊이 쉬고 조용히 말했다.

"나는 이미 집에 있어요."

그녀는 깜짝 놀라면서 나를 올려다보았다.

"집이란 하나님의 뜻이에요." 나는 계속해서 말했다. "주님을 사랑하는 사람들에게는 그분이 허락하시지 않는 한 어떤 일도 일어날 수 없다는 것을 믿거든요."

그녀는 나를 뚫어지게 보았다. "쉽게 설명해주세요."

나는 국가 긴급 사태가 발생했고 미국 내의 모든 공역과 국경이 폐쇄되었으며 착륙할 때까지 자세한 설명을 할 수 없다는 비행기 기장의 방송을 들었을 때 제일 먼저 떠오른 생각을 그녀에게 말했다. 즉시 떠오른 성경 말씀은 시편 139편 16절이었다. "나를 위하여 정한 날이 하나도 되기 전에 주의 책에 다 기록이 되었나이다." 그것은 매일매일의 일을 이미 하나님께서 정하셨다는 뜻이다. 2001년 9월 11일조차 말이다.

그러고나서 그녀에게 내 신상 얘기를 해주었고 성령이 오셔서 우리 마음속에 집을 만드실 때 그분은 하나님의 뜻대로 우리가 어디에 있든지 집에 있는 것처럼 느끼도록 해주신다고 설명했다. 그것은 성령이 우리의 삶에 거하시는 이유 가운데 하나다. 나는 시간을 내서 오순절에 대해서 설명했고, 우리의 공허함을 채워주며 내재하시는 그리스도의 놀라움에 대해서 그녀에게 감동을 주려고 노력했다.

또한 이 젊은 여자에게 성경 말씀을 얘기해주며 성경이 수천 년에 걸쳐서 다양한 모양과 장르로 쓰인 기록들의 집합체라고 설명했다. "성경은 이야기 책이기도 해요." 나는 설명했다. "하나님은 우리 모두가 성경에서 자신에게 맞는 스타일을 최소한 하나라도 발견할 수 있도록 성경의 기록자들에게 다양한 접근 방식으로 글을 쓸 수 있는 영감을 주셨어요."

"나는 눈으로 보면서 배우는 타입이에요." 나의 새로운 친구는 말했다.

"그러면 성경책에 나오는 묘사와 상징에 흥미가 있겠군요." 나는 말했다. 이런 사실을 염두에 두고 나는 성경에 나오는 이야기들과 상징을 사용해서 복음이 피곤하고 지치고 공허해져 가는 이 세상에 대한 해답을 쥐고 있다는 설명을 해주었다. 멋진 기회가 아닐 수 없었다.

2장

기름을 부으오니 채워주소서

작은 기름병 이야기

성경에 나오는 여러 가지 상징은 항상 내 흥미를 끌었다. 가장 중요한 것은 그 상징 덕분에 가장 어려운 구절조차 이해할 수 있었고 복잡한 개념을 명백하게 알 수 있었다는 점이다. 하나님은 삼위일체의 한 위격인 성령에 대해서 직설적으로 말씀하기도 하셨지만, 그 말씀 이면의 진실을 이해하는 데 도움이 되도록 묘사나 상징을 사용하기도 하셨다. 성령을 설명하기 위해서 성경에 평화의 상징인 온순한 비둘기, 타오르는 불꽃, 증명할 순 없지만 시각 효과 만점이었던 오순절의 바람이 상징으로 사용된 사실을 기억하는가? 새롭게 하고 우리의 삶으로부터 흘러나오는 물도 상징으로 쓰였다.

하지만 우리 삶에 일어나는 성령의 역사를 나타내는 또 다른 중요한 상징으로는 기름이 있다. 성경 시대에 기름은 부를 축적하는 데 매우 중요한 물질이다. 기름은 영양분이 많고 매끄러운 성질이 있어서 기계가 보다 잘 작동되도록 도와준다. 기름은 우리 몸에 에너지를 공급해주고 자신의 몸을 태워서 빛을 공급한다. 기름은 연결하고 진정시키고 하나로 결합시키는 작용을 한다. 성경을 보면 다양한 이유로 사람이나 사물에 기름을 붓는다. 약으로도 쓰고 보전하고 화장할 목적으로 특별한 기름을 만들기도 했다. 기름은 또한 램프 속에서 태우는 데 사용된다. 하나님은 기름 붓는 것(관유 - 성별하는 기름)에 종교적 의미도 부여하셨다. 하나님을 섬기는 선지자, 제사장, 그리고 왕에게 거룩한 기름을 부어 그들을 특별한 사람으로 구별하셨다.

그렇다면 기름은 성령과 관련하여 우리에게 무엇을 상징하는가? 그것은 여러 의미 중에서도 특히 하나님이 명령하신 대로 우리가 살 수 있도록 도움을 주시는 그분의 능력을 말한다. 그리고 그분이 우리 속에서 어떻게 역사하시는지 말해준다.

그런데 사람들은 종종 이렇게 말한다. "하나님께 실망을 드릴까봐 두려워요. 나는 착하거나 상냥하거나 똑똑하거나 참을성이 많거나 이타적인 사람이 아니거든요." 사실 내가 알고 지낸 사람들 가운데 바로 이런 이유 때문에 주님을 영접하라는 권유에 응하지 않은 사람들이 있었다. 하지만 그분은 우리의 보혜사다. 즉 죄 많은 우리 인간들이 예수님을 따라갈 수 있게 해주시는 분이다. 우리가 서로 증오하고 참지 못하며 기쁨이 없고 혼란스러울 때조차도 그분은 사랑과 희락과 오래 참음과 화평으로 우리를 이끌어주신다. 어떤 이유로든 우리가 쓰러질 때 성령은 우리에게 똑바로 서서 계속 살아갈 수 있는 힘을 주신다. 우리가 되어야 할 사람이 되는 데 필요한 힘을 주시며, 그 힘이 바닥날 때 주님은 우리 스스로 할 때보다 훨씬 잘 살 수 있도록 우리에게 힘을 공급해주신다.

> 어떤 이유로든 쓰러질 때 성령은 우리에게 똑바로 서서 계속 살아갈 수 있는 힘을 주신다.

성령의 도움을 배울 수 있는 사건이 열왕기하 4장 1절에서 7절에 나와 있다. 그것은 실제 이야기이며 상징적인 교훈도 준다. 한 과부와 선지자 엘리사 그리고 작은 기름병 하나에 관한 이야기다. 당신이 설령 과부가 아닐지라도 당신과 관계 있을 수 있는 이야기임을 차차 알게 될 것이다. 특히 '계속 살아갈' 의지가 '바닥난 것'처럼 보일 때 나는 이 이야기

2장 기름을 부으오니 채워주소서 37

가 주는 교훈으로 돌아간다.

한 과부의 눈물

이 이야기에 나오는 과부의 삶은 정말로 공허해지고 있었다. 그녀는 모든 것이 바닥났다. 첫 번째, 결혼 생활은 슬픔과 좌절의 나날이었다. 남편이 죽었기 때문이다. 게다가 그녀는 젊기까지 했다. 그 점은 슬하에 어린 자녀가 있는 것을 보아 알 수 있다. 그녀가 모진 고통을 겪으며 살고 있었다는 것에 의심의 여지가 없다.

언젠가 미망인들의 모임에서 강연을 하고 있었는데 새 회원인 30대 여성이 자신이 지금 어떤 느낌인지 설명하려고 애썼다. "한쪽 날이 없는 가위가 된 기분이에요." 그녀가 설명했다. "결혼해서 행복하게 살다가 사랑하는 사람을 잔인하게 잃어버린 사람만이 알 수 있는 깊은 고독을 겪고 있어요. 게다가 지금은 아무것도 느낄 수 없어요. 저는 무감각한 사람이 됐어요." 그녀는 눈물도 흘리지 않았다. 단지 끔찍하고 적나라한 절망만 남았기 때문이다. 그녀는 남편뿐만 아니라 감정도 잃어버린 것이다.

죽음이나 이혼으로 사랑하는 사람을 잃은 사람들과 숨조차

쉬기 어려울 만큼 크나큰 감정적인 고통에 시달리고 있는 사람들에게 강연을 한 적이 있다. 미망인들을 위한 이 모임에서 만난 여자와 다르게 그들은 슬픔을 떠올리며 울음을 터트렸다. 그들은 살아야 할 목적이 전혀 남지 않았다고 믿고 있었다. 그러나 하나님은 오랫동안 마음속으로 절규하는 당신의 상한 마음의 외침을 들으신다. 그분은 당신의 눈물을 세시며 진실로 당신의 고통을 느끼신다. 당신이 사랑하는 누군가를 잃었을 때 하나님은 진심으로 당신을 부르고 계신다.

이야기를 바꾸어, 열왕기하 2장에 나오는 과부에게 어떤 일이 일어났는지 들어보라. 그녀는 남편이 죽었기 때문에 마음에 상처를 입었을 뿐만 아니라, 돈도 다 떨어진 상태였다. 그녀는 더 이상 자신과 가족을 돌볼 방법이 떠오르지 않았다.

그 과부의 남편은 엘리사의 스승인 엘리야가 세운 선지자 학교의 학생이었다. 학생들은 훈련을 받는 예비 선지자들이었다. 그런데 남편이 갑작스럽게 죽는 바람에 그녀는 빚 독촉에 시달리게 되었고 그것을 갚을 길이 도무지 없었다.

그녀가 감당하기엔 심각한 상황이었다. 빚을 갚을 돈이 다 떨어졌을 뿐만 아니라 소중한 자녀를 잃게 될지도 모르기 때문이었다. 어쩌면 그녀는 귀한 두 아들을 잃게 될지도 몰랐다. 그것은 다음과 같은 이유에서였다. 하나님은 이스라엘의 지도자들에게 그들 민족 가운데 살고 있는 과부들을 돌보는 신중한 법안을 만들라고 명령하셨다. 지도자들이 취했던 방법 가운데 하나가 채권자들이 과부의 미성년 자녀를 데려다가 이웃에게 보내어 일을 시키는 것이었다. 과부의 자녀들은 여기에서 숙식을 하면서 기술이나 장사를 배웠다. 그 다음 일곱 번째 해에 해당하는 안식년에 그 자녀들은 유대의 법에 따라 부채가 탕감되어 가족들에게 돌아갈 수 있었다. 하지만 채권자에게 담보물처럼 끌려온 자녀들은 안식년이 된다고 해서 항상 풀려나는 것은 아니었다. 그들 주인의 이기심 때문에 집으로 돌아가 어머니를 부양하지 못한 일이 매우 많았다. 그 과부도 자신의 아들들이 이렇게 될까 매우 두려웠다. 채권자들이 자녀들을 데리고 간다면 그들을 다시 찾을 수 없을지도 모를 일이었다. 영원히 노예로 살아야 할지도 모를 자녀들에 대한 걱정과 슬픔으로 그녀는 엘리사를 찾아가 자신의 절박함을 전했던 것이다.

이 책을 읽는 많은 사람들은 이 과부의 곤경을 충분히 이해할 것이다. 그녀처럼 가장 두려운 감정을 겪은 적이 있기 때문이다. 어쩌면 이혼 법정에 서서 판사가 아이들의 양육권을 전

> 하나님은 오랫동안 마음속으로 절규하는 당신의 상한 마음의 외침을 들으신다.

배우자에게 준다는 판결을 들었을지도 모른다. 당신의 집에 들어오는 사람은 채권자가 아니라 전 배우자와 그의 변호사였을지도 모른다. 당신은 스스로를 지킬 돈이 다 떨어졌을지도 모른다. 이런 상황에서 공허해지는 것은 당연하다. 가족을 잃지는 않았지만 이 젊은 과부처럼 파산 상태일지도 모른다.

그녀는 선지자 엘리사를 찾아가서 자신의 곤란한 처지를 늘어놓았다. "집에 먹을 것이 하나도 없어요." 그녀는 엘리사에게 말했다. 그녀의 절망에 공감이 가지 않는가? 이유가 어떻든지 간에 당신도 '집에 먹을 것이 하나도 없는' 느낌이 무엇인지 알기 때문이다.

그 과부처럼 당신도 비통하고 고통스럽고 화가 날지도 모른다. "당신의 종이었던 내 남편이 죽었다고요." 그녀는 노골적으로 비난했다. "당신의 종이 여호와를 경외한 줄 아시잖아요." 그녀는 가슴속에 꽁꽁 묻어두었던 말까지 쏟아놓았다. 이 여인은 자녀를 부양할 돈이 다 떨어졌을 뿐만 아니라 가장 중요한 것도 떨어지고 있었다. 그것은 하나님을 믿는 믿음이었다. 그리고 그것은 자연스러운 일이었다. 우리는 귀하고 소중한 것을 잃으면 종종 믿음마저 잃는다.

예전에 한 할머니의 집을 방문한 적이 있었는데 피아노를 치는 그녀의 손자 손녀들 사진이 눈에 띄었다. "참 예쁜 아이들이

군요." 나는 말했다. "가까이 사시나요?" 그녀는 고개를 끄덕였다. "하지만 일 년에 한 번만 그 애들을 보러 가요. 그리고 2시간 동안만 만나죠." 나는 말문이 막혀서 그녀를 멍하니 쳐다보았다. "아들 내외가 이혼했거든요. 며느리가 양육권을 가졌기 때문에 모든 것을 관리하죠. 어떤 때는 그 애들이 근처의 식료품점에 와 있기를 바라면서 그 앞을 지나간답니다. 이런 상황에서 하나님은 뭘 하시는지…."

사랑스런 손자 손녀들이 열세 명이나 있는 나는 그녀의 고통을 오직 상상만 할 수 있을 뿐이다. 할머니의 평생 행복이라면 사랑하는 손자 손녀들에게 뭘 해줄지 생각하는 것이다. 현재 그녀는 사랑하는 손자 손녀들과 멀리 떨어져 지내고 있다는 상실감 때문에 하나님을 신뢰하는 믿음마저 점점 깎여나가고 있다.

이런 믿음의 고난을 겪은 적이 있는가? 그때 당신은 어떻게 했는가? 절망으로 무기력해졌는가 아니면 힘차게 나아갔는가? 고통으로부터 뒷걸음질쳐서 숨어버렸는가? 걱정거리들을 잊고 마약이나 술에 의지하려고 했는가? 도망치기 위해서 먼 곳으로 이사하려고 하지는 않았는가? 이런 극단적인 결정은 문제 해결에 아무런 도움이 되지 않았을 것이다. 왜냐하면 고통이 당신을 따라갔기 때문이다.

하나님께 부르짖을 용기

그러나 우리의 생각과는 달리 열왕기하에 나오는 과부는 도망치지 않았다. 너무도 간절히 도망치고 싶었지만 그녀는 필사적으로 도움을 구했다. 그녀는 자신이 어쩌다보니 자녀를 부양할 능력이 없다는 것을 알게 되었고 가까스로 가족을 돌보아야 했다. 때때로 도움을 주는 것보다 받아야 하는 상황에서 우리는 그 어느 때보다 급격히 공허한 상태에 빠진다. 주는 것에 익숙한 사람은 자신이 보살핌을 받아야 될 절망적인 상황에 처해도 보살핌을 받을 수 없다고 생각한다.

위스콘신 주 밀워키에 있는 앰브룩 교회(Elmbrook Church)의 당회장 목사직에서 은퇴한 이후에 우리 부부는 전 세계를 돌아다니며 '자유롭게' 사역을 했다. 비행기를 많이 타고 다니다보니 이륙할 때 승무원들이 하는 과장된 설명을 많이 들어야 했다. 사실 너무도 익숙한 내용이어서 아무도 주목하지 않는 것 같지만, 일전에 승무원이 비상 사태시 산소마스크 사용 시범을 보일 때는 모두들 주의를 집중하여 지시 사항을 듣는 대조적인 상황을 보였다.

"아이를 동반한 경우에는 어른이 먼저 착용한 후에 아이에게 마스크를 씌워주세요"라고 승무원은 말했다. 예전에 그런 익숙한 지시를 들으며 나는 그것은 쉽지 않은 일이라고 생각했다. 비상 사태가 발생하면 본능적으로 내 아이를 먼저 돌보는 것이 당연하다고 생각했기 때문이다. 하지만 그 지시에는 분명히 뜻이 담겨 있다. 나 자신을 돌보지 않으면 아이도 돌볼 수 없다는 것이다.

확실히 그 말에는 양육하고 돌보는 역할에 익숙한 사람들을 위한 교훈이 담겨 있다. 어머니뿐만 아니라 목회자나 교사, 교회 성도들에게도 해당되는 말이다. 자기 자신이 영적인 호흡이 가쁜데 어떻게 다른 사람들에게 효과적으로 생명을 줄 수 있겠는가? 다른 사람들을 소생시키는 위치에 있기 전에 우리는 도움을 받아들일 필요가 있다. 그러나 돌봐주는 사람이 되는 것에 익숙해서 우리는 종종 도움을 받아들이는 일을 힘들어한다. 그래서 마침내 자신에게 아무것도 남지 않을 때까지 다른 사람들을 끊임없이 도와주려 한다.

뉴펀들랜드의 구세군 회관에 앉아 있었을 때 옷을 갈아입고 싶어서 죽을 지경이었던 일이 생각난다. 그때 짐 가방을 비행기에 놓고 내리라는 지시를 받았기 때문에 갈아입을 옷이 없었다. 설상가상으로 러시아에서 6주를 머무른 후 집으로 오는 길이었는데 비행기를 타기 전 나흘 동안은 옷을 갈아입지 못했다. 그래서 끈적거리고 불쾌하고 비참함을 느끼며 그곳에 앉아 있어야 했다.

갑자기 한 구세군 장교가 나타나 방송을 했다. 깨끗한 속옷을 기증받았으니 필요한 사람들은 줄을 서라고 했다. 속옷이 필요했는가? 오, 물론이다! 다들 얼른 일어서서 줄을 섰을까? 오, 그러지 않았다!

궁핍한 상황이라는 것을 인정하는 일이 얼마나 힘든 일인지 당신은 모를 것이다. 그것을 창피하다고 느끼는 것은 어리석은 일이지만 어쩔 수 없었다. 크로아티아와 세르비아의 분쟁이 절정에 달했던 때가 생각났다. 그때 나는 세계 구호 기구 대표단의 일원으로 있었다. 머릿속으로는 세르비아의 국경을 넘어 크로아티아로 몰려오는 수천 명의 피난민들에게 옷을 나누어주는 자신을 상상했다. 그때를 돌이켜보면 모든 사람들에게 깨끗한 속옷을 나누어주겠다는 데는 아무 문제가 없었다. 그런데 지금 나의 문제는 무엇인가? 나 같은 사람들의 경우에는 보살핌을 받는 편보다 돌보는 편이 훨씬 쉽고 편했다.

다시 과부의 이야기로 돌아오면, 그 과부는 자존심이나 창피함을 뛰어넘으려고 했다. 도움을 청하는 데 거리낄 것이 없었다. 그녀는 살아남기 위해서 필사적이었고 그나마 가족이 가지고 있는 것을 잃지 않으려고 애썼다. 다행히도 가까운 곳에 그녀를 도와줄 수 있는 누군가가 살고 있었다. 그의 이름은 엘리사였다. 그 과부가 공허해지고 있을 때, 남편도 잃고 돈도 다 떨어지고 믿음도 잃어가고 있을 때 이 선지자가 가득 채워줄 수 있는 사람이었다.

그렇다고 엘리사가 부자여서 과부를 풍족하게 도와줄 수 있다는 뜻은 아니다. 그들은 둘 다 물질적으로 가난했다. 선지자들은 절제하며 금욕적인 생활을 했기에 세상 사람들이 부유하다고 여길 만큼 부자인 사람은 없었다. 하지만 엘리사는 하나님의 기준에서 봤을 때 부자였다. 모든 좋은 것을 주시는 분이며 자녀들의 기도를 기뻐하시고 그들의 필요를 즐거이 채워주시는 하나님 아버지를 알고 있었기 때문이다.

여기에서 기억해야 할 중요한 것이 하나 더 있다면, 하나님은 필요한 것이 다 떨어졌을 때 우리가 믿을 수 있는 좋은 분이라는 것이다. 그분은 우리가 궁지에 빠질 때 미리 알아서 가득 채워주고, 우리가 가장 필요로 하는 것을 우리 삶에 부어줄 수 있는 누군가를 기꺼이 준비해놓으신다.

하지만 그런 도움을 경험하려면 아버지 하나님을 향해 부르짖어야 한다. 한창 끔찍한 곤경을 겪을 때에라도 하나님을 의지하고 그분이 무엇을 하실지 또는 그분이 우리를 돕기 위해서 누구를 보내실지 알아야 한다. 왜냐하면 하나님은 종종 평범한 사람들을 통해서 그분의 일을 하시기 때문이다.

잠잠히 주위를 둘러보라. 그리고 당신이 알고 있는 사람들을 모두 떠올려보라. 그들 가운데 굳건한 믿음을 지닌 사람은 누구인가? 누가 기도의 사람인가? 그 사람이 바로 하나님이 보내주신 당신의 엘리사다. 아무것도 없을 때 당신이 의지해야 할 사람이 바로 그 사람이다. 하지만 도움을 받는 것이 어렵듯이 도움을 청하는 것도 항상 쉬운 일만은 아니다. 우리가 도움을 청하지 못하는 이유는 아마도 수천 가지가 될 것이다.

언젠가 공허함에 빠졌던 때를 나는 지금도 잊지 못한다. 나는 미취학 자녀 세 명을 둔 엄마였으며 남편과 함께 청소년 선교를 하고 있어서 우리 부부는 오랫동안 멀리 떨어져 지내야 했다. 그 당시 우리 가족의 생활은 힘들고 어려웠다. 하나님이 청소년 선교의 사명을 우리에게 주셨음을 알고 있었음에도 불구하고 나는 종종 지치고 혼란스러웠으며 지나친 근심과 계속되는 과로로 하루하루가 피곤했다. 남편을 잃고 자녀마저 잃을 위기에 처해 있는 젊은 과부와 분명히 비슷한 처지였다. 비록 나는 남편이 건강하게 살아 있었지만 과부만도 못한 사역자의 아내였다. 아이들이 자라서 주님을 원망하지 않도록 어떻게 엄마와 아빠의 역할을 감당해야 할지 몰랐다. 정말이지 아무것도 없이 홀로 남겨진 느낌이었다.

재미있는 점은 나에게도 엘리사와 같은 사람이 가까이 살고 있었다는 것이다. 그녀는 걸어서 갈 수 있는 거리에서 살았지만 나는 그녀를 찾아가서 말하지 않았다. 적어도 처음에는 그랬다. 전화를 걸 수 있었지만 전화도 하지 않았다. 그녀는 기도를 부탁해도 될 정도로 가까이 살고 있었지만 나는 나를 위해서 기도해달라고 부탁하지 않았다.

왜일까? 아마도 자존심 때문이었을 것이다. 내가 이상적으로 생각하는 사역자의 아내가 될 수 없다는 것을 누구에게도 알리고 싶지 않았다. 그리고 내가 빈곤한 상태에 있다는 것이 수치스러웠다. 남편 얼굴을 제대로 보지 못하고 사는 여자들이 주위에 많았지만 그들은 스스로 모든 것을 잘 통제하고 있는 것처럼 보였다. 반면에 나는 그러지 못하고 있는 것 같아서 부끄러웠다.

당신에게 남은 것이 아무것도 없을 때 부르짖는 것을 두려워하지 말라.

도움을 청할 수 있는 상대가 그렇게 가까이 있었을 때도 그렇게 많은 시간을 비참하게 보냈다는 사실을 믿을 수 없지만 당시에는 그럴 수밖에 없었다. 완전히 가망이 없는 상태가 되고 난 후에야 비로소 스스로 도움을 청할 수 있었다. 그런데 결국 부르짖었을 때 실제로 상황이 점점 더 좋아지는 것을 보았다.

그러므로 남은 것이 전혀 없을 때 부르짖는 것을 두려워하지 말라. 주님은 즉시 당신을 도우러 오실 것이다. 그분은 이땅에 사는 엘리사 같은 사람을 보내서 당신을 돕게 하실 것이다. 또는 당신에게 필요한 것을 직접 공급해주실지도 모른다. 하지만 당신이 교만이나 수치심이나 두려움을 딛고 부르짖지 않는 한 이런 일은 하나도 일어나지 않는다. 그것은 전적으로 당신이 무엇을 의지하느냐에 달려 있음을 명심하라.

당신이 잊어버린 것을 기억하라

마침내 나의 엘리사를 찾아가 도움을 청하자마자 나는 더 일찍 그를 찾지 못한 것이 후회가 되었다. 확신컨대 나는 성경에 나오는 그 젊은 과부처럼 도움을 구했다. 과부의 부르짖음을 들은 엘리사는 "네가 너를 위하여 어떻게 하랴"라고 즉시 응답했다. 하지만 그녀를 돕기 위한 엘리사의 접근 방식은 약간 의외였다. 그는 그녀에게 돈을 주지 않았고 계산하는 것도 도와주지 않았다. 대신 엘리사는 물었다. "네 집에 무엇이 있느냐?"

"아무것도 없나이다"라고 그녀가 대답했다. 애당초 그것이 문제가 아니었던가. 그녀는 가진 게 전혀 없는 빈털터리였다. 하지만 그때 부엌 찬장에 무엇인가 있다는 것이 기억났다. 그녀는 다시 말했다. "작은 기름 한 병 말고는 아무것도 없나이다." 곤경에 처해 있던 그녀는 그 기름을 까맣게 잊고 있었던 것이다.

우리도 이 과부처럼 될 수 있다는 것을 기억해야 한다. 우리 속에는 작은 기름병으로 상징되는 성령이 계신다. 성령은 우리에게 필요한 모든 것을 채워주신다. 하지만 갑작스런 고난이 닥칠 때 우리는 모든 것을 채워주는 원천을 잊어버린다. 그분이 우리에게 부족한 지혜를 주시고 해야 할 말과 취해야 할 행동을 알려주기 위해서 우리 안에 계신다는 것을 잊어버린다. 아무것도 없을 때 우리를 위로하고 채워주시는 그분을 우리가 의지할 수 있다고 성경은 말한다. 가장 가망 없는 상황에 처해 있을 때 우리의 마음을 평안하게 유지할 수 있게 해주시는 분이 성령이다.

> 우리 속에는 작은 기름병으로 상징되는 성령이 계시어 우리에게 필요한 모든 것을 채워주신다.

그분은 항상 우리 마음속에 계시고 우리를 도와주시기 때문에 우리는 절대 아무것도 없는 상태가 될 수 없다. 실제로 모든 것을 다 갖고 있는데 집에 아무것도 없다는 생각에 어쩔 줄 몰라 하다니 얼마나 재미있는 일인가? 당신은 가족이 없거나 먹을 것이 없거나 입을 옷이 없거나 미래가 없거나 배우자가 없거나 건강하지 않거나 자녀가 없을지도 모른다. 그러나 당신의 삶 속에 성령이 계시므로 당신은 빛나는 꿈을 채우고도 남을 만큼 부자일지도 모른다.

그렇다면 아무것도 없는 데서 벗어나는 비결은 우리가 가지고 있는 원천을 기억하는 것이다. 엘리사는 바로 그 일을 할 수 있도록 과부를 도와주었다. 그녀에게 필요한 것을 주는 대신에 그녀가 잊어버리고 있는 것을 기억할 때까지 그녀를 도와주실 분이 있는 곳으로 인도했다.

엘리사는 과부의 곤궁함을 자신의 지혜와 선함을 보여주는 기회로 삼을 수도 있었다. 그는 사회에 나가서 기부금을 모으거나 그 여자의 채권자와 협상을 한 다음 그녀를 도울 수 있는 모든 방법을 취할 수 있었다. 그러나 그렇게 하지 않고 과부를 하나님께 돌아가게 했다. 그는 그녀에게 가지고 있는 것이 무엇이냐고 물었고 그 원천에 의존하는 방법을 보여주었다.

엘리사는 그녀가 들을 필요가 있는 말을 해주었다. 그런 다음 해야 할 일을 가르쳐주었다. 그런데 엘리사가 과부에게 요구한 것은 참으로 놀라운 일이었다. 하지만 그녀는 그 요구에 순종했다. 과부는 들은 대로 행했고 결국 자신은 실제로 잃을 것이 아무것도 없다는 것을 깨닫게 되었다. 그녀가 순종한 대가는 우리가 생각할 수 없는 놀라운 기적이었다. 첫째로, 그녀는 엘리사가 하라는 대로 이웃집마다 다니면서 그릇을 빌려오라고 아들들을 내보냈다. 그런 다음 가져온 그릇에 기름을 붓기 시작했다. 그녀는 기름을 팔아서 부채를 청산할 정도가 될 때까지 집에 있던 그 작은 기름병을 들고 그릇마다 기름을 가득 부었다.

당신은 잃을 것조차 없는 사람인가? 노력하고 노력했는데 전혀 성과가 없었는가? 그렇다면 세상의 문을 닫고 온전히 하나님께 의지하라. 그리고 곁에 있는 사람에게 도움을 청하라. 하나님은 다른 사람들을 통해서 당신의 필요를 공급해주신다. 하지만 당신의 생계를 채우는 주요 원천은 여전히 주님이시다.

> 세상의 문을 닫고 온전히 하나님께 의지하라.

엘리사는 바로 그 점을 과부에게 가르쳐주려고 했던 것이다. 아마도 엘리사가 직접 과부의 허름한 집을 찾아가 기적을 행했다면 아무도 놀라지 않았을 것이다.

어쨌든 그는 하나님의 위대한 종이었다. 당신이 그 과부라면 무엇을 기대하겠는가? 하지만 엘리사는 현명하게도 과부와 하나님 사이에 기적이 일어나야 한다고 고집했다. 실제로 주님이 그녀를 위해서 얼마나 충분하게 채워주시는 분인지 그녀가 알 수 있도록 말이다.

그것은 당신도 배워야 할 교훈이다. 하나님이 당신의 기도를 듣고 계실지 의심해본 적이 있는가? 하나님이 그 자녀들의 기도를 들으신다는 사실을 믿어 의심치는 않아도, 왜 당신의 기도를 들으셔야 하는지는 궁금할 것이다. 문득 하나님 앞에서 당신의 존재가 가치 없고 당신의 믿음이 부족하다고 느끼는가? 그렇다면 당신에게는 공허해하던 과부의 교훈이 필요하다. 당신에게 절실하게 필요한 것은 당신 **믿음의 정도**가 아니라 당신이 믿는 대상이다. 그 사실을 알 때 당신의 삶은 크게 달라질 것이다.

위스콘신(Wisconsin) 주에 겨울이 찾아오면 우리 부부는 얼어붙은 작은 낚시 호수에서 살다시피 한다. 그 호수는 한겨울에 사람들이 걸어다닐 만큼 두껍게 언다고 하지만 우리는 항상 얼음을 주의 깊게 살펴본다. 눈에 보이는 얼음 자체에 대한 믿음보다 얼음의 실제 두께가 훨씬 더 중요하다는 것을 알기 때문이다. 우리는 단순히 얼음의 두께만을 믿지 않기 때문에 지금껏 안전할 수 있었다. 무엇을 신뢰하고 믿어야 할지를 알았기 때문에 호수에서 안전한 겨울을 보낼 수 있었다.

엘리사는 과부가 온전히 하나님을 경배하기 바랐다. 하나님께서 왕과 선지자를 돌보는 만큼 똑같이 과부와 고아의 부르짖음을 들으신다는 것을 기억하도록 도와주었다. 엘리사는 그녀가 모든 것을 채우시는 하나님의 예비하심을 직접 체험하고, 하나님이 존재하는 한 우리의 삶은 진실로 공허하지 않음을 기억하기 원했다.

누구나 살면서 '문을 닫고' 하나님을 향한 자기의 믿음을 따르며 그분의 예비하심을 전적으로 믿어야 할 때가 있다. 부모의 믿음이 우리를 도와주지 않을 것이다. 목사의 믿음이 우리를 도와주지 않을 것이다. 우리는 잠시 멈춰서 집안에 무엇이 있는지 자문하고, 선반에 있는 기름병이 진실로 우리에게 필요한 것을 충분히 공급해준다는 것을 깨달아야 한다.

부어주는 원리

사역자의 젊은 아내로서 너무나 공허했던 나에게 바로 이런 일이 일어났다. 이미 말했듯이 나에게도 근처에 엘리사 같은 사람이 살고 있었다. 엘리사가 젊은 과부에게 도움이 될 수 있었듯이 선임 사역자의 아내가 가까이에 살고 있었던 것이다. 자존심을 다 버리고 그녀와 친밀한 관계를 맺기까지 다소 시간이 걸렸지만 나는 결국 그녀를 찾아갔다.

처음으로 다른 사람에게 나의 좌절감을 쏟아냈던 그날을 지금도 뚜렷이 기억하고 있다. 나는 그녀에게 남편의 오랜 부재, 자녀들에 대한 걱정, 그리고 사역자, 아내, 엄마 역할을 동시에 해야 하는 어려움에 대해서 털어놓았다. 과부가 분노에 찬 목소리로 모든 게 불공평하다고 엘리사에게 불평할 때처럼 내 목소리에도 분노의 감정이 깃들여 있었다.

그때 그녀는 엘리사처럼 잠잠하고 평온하게 나를 주님께 인도했다. 우선 그녀는 들었다. 그러고나서 확고하게 나의 관심을 작은 기름병으로 돌렸다. 나는 고통 속에서 허우적거리느라 나의 가장 위대한 원천을 잊어버리고 있었다. 내 삶에 있는 성령의 역사를 무시했다.

"질, 당신에게 필요한 모든 것은 당신 속에 있어요." 나의 엘리사는 말했다. "성령으로 말이에요. 당신 바로 옆에 도와주는 훌륭한 분이 계세요."

"그런데 그분이 어떻게 도와주시죠?" 나는 물었다.

"당신이 가진 것을 사용하기 시작할 때 도와주세요." 그녀가 대답했다.

"어떻게 해야 하죠?"

"집에 가서 문을 닫고 주님과 함께 시간을 보내세요. 그런 다음 당신이 갖고 있는 것이 무엇이든지 그것을 이웃 사람들의 텅 빈 그릇에 다 부어주세요."

실제로 나는 이런 말을 기대하지 않았다. 나는 이미 아무것도 없는 텅 빈 상태인데 그녀는 더 비우라고 말하는 것이 아닌가? 나는 아무것도 갖고 있지 않은데 그녀는 내가 갖고 있는 얼마 안 되는 것마저 주어야 한다고 말하고 있지 않은가?

하지만 그것이 정확히 내가 **해야** 할 일이었다. 내 친구이자 동료는 그리스도 안에서 사는 가장 기본적인 원칙 가운데 하나를 잘 알고 있었다. 채워지기 위해서는 먼저 자신을 비워야 한다는 점이다. 그것은 "먼저 된 자로서 나중되리라"와 "자기 목숨을 잃는 자는 얻으리라"와 같이 예수님이 즐겨 쓰시는 말씀 가운데 하나다. 다른 사람들을 위해서 희생할 때 우리는 비로소 진실로 채워지기 시작한다.

다시 말해서 나의 엘리사는 내 공허함에 대한 해답이 충만함을 추구하는 것에 있지 않고 섬기는 일에, 내 생명을 내어주는 것에 있다는 사실을 알고 있었다. 나보다 훨씬 더 많은 상처를 안고 있는 사람들을 섬길 때 나의 공허함은 채워진다는 것이다. 나는 내 사소한 근심거리들을 옆으로 제쳐놓고 다른 사람들의 삶 속에 있는 더 큰 근심거리를 돌보기 시작해야 했다. 그럴 때 내 삶은 다시 충만해지기 시작했다.

나는 그녀의 제안을 앞뒤 잴 겨를도 없이 시도할 정도로 필사적이었다. 나는 즉시로 집에 가서 문을 닫고 하나님 앞에 얼굴을 들었다. 어디에다 부어주는 일을 시작해야 하는지 보여달라고 하나님께 간구했다.

"도와주세요, 주님." 나는 기도했다. 주님은 나의 이런 간구를 듣기 위해서 얼마나 기다려 오셨던가. 그런 다음 나는 일어나서 그날 밤에 아기를 돌봐줄 사람을 불렀다. 그리고 혼자 도시 중심가로 나갔다. 나는 십대들이 어울려 놀기 좋아하는 문제 지역 가운데 한 곳으로 가서 용기를 내어 아이들에게 말을 걸기 시작했다. 그리고 위험에 처한 십대 몇 명과 접촉하면서 실제로 공허한 십대들의 마음에 나 자신을 부어주기 시작했다.

나는 집에 남은 게 없고 내 속에 줄 것이 아무것도 없다고 생각했다. 하지만 이 아름다운 아이들에게 말을 걸기 시작했을 때 나는 성령의 무한한 능력에 의존할 수 있었고, 그들에게 나 자신을 부어주었을 때 그분은 또 다시 내 속에 그분을 부어주셨다. 그것은 내 삶에서 믿을 수 없을 정도로 놀라운 밤이었다.

그날 밤은 단지 시작에 불과했다. 나는 할 수 있는 대로 시간을 제한하거나 정해두지 않고 십대들이 끼리끼리 어울려 노는 시내로 무작정 갔다. 할 수 있다면 그들에게 말을 걸고 실제적인 도움을 주며 성경 말씀을 전하려고 했다. 그들을 집으로 데리고 와서 밥을 먹이기도 했다. 나 자신을 '그릇'에 더 많이 부으면 부을수록 내 삶에 사랑과 믿음과 소망이 더욱 풍성해지는 것을 경험했다.

이보다 훨씬 더 좋았던 것은 우리 아이들이 과부의 아들들처럼 기적을 이루는 데 한몫했다는 것이다. 과부의 아들들은 그릇을 모으는 일을 도왔다. 그들은 기름이 흘러나오기 시작하는 것을 지켜보았다. 그릇이 하나씩 하나씩 가득 차는 것을 보았다. 우리 아이 데이빗(David)과 주디(Judy)와 피터(Peter)도 그랬다. 그 아이들은 내가 십대들을 섬기는 일을 도와주었고 그 결과도 보았다. 성경 공부에도 참여했고 여러 가지 질문에 귀를 기울였다. 소년 소녀들이 약물을 끊는 것을 보았다. 결혼하지 않고 임신한 여자아이들이 주님을 영접한 후 인간의 생명이 얼마나 귀중한지 이해하고 아기를 낙태하는 대신 낳기로 결심하는 모습을 보았다. 나의 자녀들은 기름이 계속 흘러나오는 것을 보았고 나의 기적은 그들의 기적도 되었다.

처음 선교 사역을 시작했을 때 나를 끊임없이 괴롭혔던 근심 가운데 하나는 내 아이들이 사역자 가정에서 요구되는 것들 때문에 주님을 원망하지 않을까 하는 것이었다. 하지만 일단 내가 부어주는 원리를 배우자 정반대의 상황이 벌어졌다. 사실 두 아이 모두 현재 목회를 하고 있는 것은 전혀 놀라운 일이 아니다. 일단 생명을 살리는 경험을 하고나면 당신은 결코 이전과 같은 삶을 살 수 없을 것이다.

넘치는 기름을 부어주기

때때로 우리의 믿음을 시험하기 위해서, 다시 말해 자신의 한계와 하나님의 충분한 예비하심을 알기 위해서는 반드시 위기가 필요하다. 하지만 가만히 앉아서 하나님이 우리를 돌봐주시기를 기다리기만 한다면 그런 교훈을 배우지 못한다. 성령이 우리를 채워주시며 우리가 일을 계속할 수 있도록 필요한 것을 주신다는 사실을 믿으며 우리는 밖으로 나가서 부어주는 삶을 살아야 한다.

그렇다고 위기가 발생하기 전에 우리가 할 수 있는 일이 아무것도 없다는 뜻은 아니다. 아무리 '충만한' 그리스도인들도 때때로 공허함을 경험할 수 있다. 그래서 평상시에 '채우는' 일을 많이 하면 할수록 원천이 고갈되어가는 것을 느낄 때 더욱 더 성령께 의존할 수 있다.

예를 들면, 그리스도를 구세주로 받아들이고 성령이 당신의 삶 속에 들어올 때 이런 모든 일은 시작된다. 그것이 당신의 기름병이 제일 먼저 생기는 곳이다. 게다가, 성경을 공부하고 성경을 넘길 때마다 씌어 있는 도움을 구하는 방법을 배움으로써 위기에 대비할 수 있다. 하나님이 우리를 도우실 수 있도록 내어드릴 때 그분은 우리 삶에 성경 말씀을 부어주셔서 필요할 때마다 그 말씀을 다른 사람들에게 부어줄 수 있게 하신다.

삶이 풍성해지는 경험을 하기 원한다면 매일 성경에 나오는 훌륭한 말씀을 읽으라. 그리고 그 말씀으로 기도하고 묵상하는 시간을 가져라. 하나님의 음성에 익숙해지려고 노력하라. 다른 그리스도인들과 대화를 하고 믿음이 어떻게 역사하는지 배우도록 노력하라.

다시 말해서, 할 수 있는 것은 무엇이든지 하라. 당신의 마음과 삶이 하나님의 능력으로 계속 충만해 있으려면 말이다. 원천이 고갈되어가는 것처럼 보일 때 걱정하지 말라. 이미 당신 안에 살고 있는 성령의 능력이 빛날 때이기 때문이다.

내가 예수님을 영접한 지 얼마 되지 않았을 때 수술 때문에 입원해야 했다. 퇴원하기 바로 직전까지는 모두 괜찮았지만 막상 병원을 나서려고 하자 수술 후유증으로 그만 탈장이 되고 말았다. 퇴원하기만을 기대하며 짐을 챙기고 옷을 입는 중이었는데 다음 순간 다시 옷을 벗고 수술대 위로 올라가야만 했다. 이런 지체는 내 계획에 없는 일이었다. 그때는 비록 믿음이 어린 그리스도인이었지만 나는 이미 뉴펀들랜드에서 만난 젊은 여자에게 인용한 그 말씀을 알고 있었다. "나를 위하여 정한 날이 하나도 되기 전에 주의 책에 다 기록이 되었나이다"(시 139:16). 그래서 뜻하지 않은 기간에 나를 병원에 계속 있게 하신 하나님의 뜻이 무엇인지 알게 해달라고 간구했다. 그 상황을 놓고 기도했을 때 마음에 한 가지 떠오르는 생각이 있었다.

"간호사님, 병동에서 예배드린 적 있으세요?" 나는 간호사에게 물었다.

"아니오." 그녀가 대답했다. "교회에서만 드렸어요."

"교회에 갈 수 없는 사람들을 위해서 병동에서 예배드리면 어떨까요?"

"음, 인도할 사람이 있을까요?" 그녀가 물었다.

"제가 할게요." 그녀는 놀란 표정으로 나를 바라보았다. 분명히 그녀 눈에는 내가 교회 예배를 인도할 만한 사람처럼 보이지 않았을 것이다. 나 역시 내가 그런 일을 잘할 수 있을까 확신하지 못했지만 하나님이 바로 그 일을 원하신다는 것은 확신할 수 있었다.

"음, 못할 것도 없죠." 그녀가 마침내 말했다. "당신이 탈 휠체어를 준비할게요." 하지만 휠체어가 준비된 후에, 나는 왜 그런 일을 제안했을까 하는 생각에 어쩔 줄 몰라 침대에 누워 있었다. 그 전에 나는 사람들 앞에 나서서 설교를 해본 적이 한 번도 없었고 단지 두 번 정도 간증을 해봤을 뿐이었다. 환자들이 나를 어떻게 생각할까? 그들은 예배드릴 선택권조차 없을지도 몰랐다. 왜냐하면 모두 침대에 누워 있었기 때문이다.

2장 기름을 부으오니 채워주소서 61

하지만 이미 엎질러진 물이었다. 그 간호사는 이미 예배에 참석하고 싶은 사람들이 있는지 알아보기 위해서 다른 병동까지 가서 광고문을 붙이고 있었다. 나는 경솔한 제안을 끝까지 책임져야 했다. 그래서 성경을 열심히 읽기 시작했다. 성경을 읽고 또 읽었다. 주일이 되기 전에 남은 나흘 동안 신약 성경을 거의 다 읽었다. 또한 여러 가지 생각을 요점 정리하거나 계획하려고 노력했다. 하지만 정리하려고 해도 되지 않았다. 그리고 바로 그 두려운 날이 다가왔다. 간호사들은 내가 휠체어를 탈 수 있도록 도와주었고 예배드리는 곳까지 데려다준 다음 다른 환자들의 휠체어를 끌고 병동으로 왔다.

그 순간 연약해지는 나 자신을 느꼈다. 준비를 철저히 했음에도 불구하고 내 안에는 아무것도 없다는 확신이 들었다. "네가 뭔데?" 악마가 나에게 물었다. 그의 목소리는 병동 사람들이 모두 들을 정도로 크게 느껴졌다. "네가 중요한 말을 할 만큼 대단한 사람이라고 생각해?"

"대단한 사람은 아니지." 나는 진심으로 대답했다. "하지만 오늘 이 시간 반드시 들어야 할 사람이 있다는 것을 알아." 나는 비록 믿음이 깊지 않지만 이곳에 있는 모든 사람들이 바람을 기다리고 있다는 것을 감지했다. 그리고 하나님이 내가 어떤 말을 전하기를 바라시는지 전혀 몰랐지만 그분은 이미 그것을 알고 준비하고 계셨다. 그리고 성령은 하나님이 아시는 것을 알고 계신다. "하나님의 사정도 하나님의 영 외에는 아무도 알지 못하느니라"(고전 2:11).

그리고 고린도전서 1장 27-28절에, 하나님은 이 세상의 미련한 것들을 사용하여 지혜 있는 자들을 부끄럽게 하시고 약한 것들을 사용하여 강한 자들을 부끄럽게 하시는 것을 좋아하신다고 되어 있다. '잘됐군.' 그 말씀을 읽을 때 나는 생각했다. '내가 확실히 적임자야.'

그래서 휠체어에 앉은 채, 나는 어리석고 약하며 공허한 사람이지만 하나님이 시작하신 일을 끝까지 해내기로 결심했다. 크게 숨을 쉬고 예수님이 시험받은 일에 대해서 말하기 시작했다. 왜 그 주제를 선택했는지 기억나지 않지만 그 당시에는 좋은 생각인 것 같았다. 그리고 그때 내가 어떻게 말했는지 그리고 심지어 무슨 말을 했는지 기억이 나지 않는다. 하지만 지금도 기억할 수 있는 것은 말씀을 전하는 동안에 단어나 생각이 계속해서 떠올랐다는 것과 말과 생각을 밖으로 쏟아낼 때 다시 나에게 말씀이 흘러들어오는 것을 느꼈다는 것이다.

나는 예수님을 영접하고 싶은 사람은 누구든지 손을 들어보라고 말하면서 말씀을 맺었다. 병동 중간에 놓인 침대에 납작 엎드려 있는 한 소녀가 손을 들었다. 나는 열심히 휠체어를 밀어서 그녀의 옆으로 간 다음 그녀를 주님께 인도했다. 소녀의 이름은 오드리(Audrey)였고 그녀는 오랫동안 성령의 바람을 기다려왔다. 우리가 함께 웃고 울었을 때 눈물과 기쁨이 뒤범벅이 된 그녀의 얼굴을 지금도 정확하게 기억하고 있다. 그날 나는 그녀에게 많은 것들을 얘기했고 특히 우리가 입을 뗄 때 어떤 말을 해야 할지 알고 계시는 성령에 대해서 말했다.

그 후로 몇 년 동안 나는 이런 일을 여러 번 경험했다. 그 후로도 나는 열왕기하에 나오는 과부처럼 텅 빈 나 자신을 종종 느꼈다. 하지만 그때마다 작은 기름병을 떠올렸다. 그리고 기름병을 붓기 시작했다. 그러면 내가 해야 할 말이 내 속으로 다시 들어오곤 했다. 그리고 내 주위에서 기다리고 있는 모든 텅 빈 그릇들이 가득 차 올랐다.

우리는 종종 모든 것을 이와 반대로 생각한다. 내가 밖으로 붓기 전에 하나님이 필요한 것을 내 안에 부어주시기를 원한다. 내가 행동을 취하기 전에 그분이 내게 용기를 부어주시길 기대한다. 내가 그분에게 순종하기 전에 그분이 내게 힘과 격려를 부어주시길 기대한다. 하지만 성령의 역사는 그런 식으로 일어나지 않는다. 우리는 먼저 성령의 감화에 순종해야 한다. 즉 그분이 우리의 머릿속에 부어주시는 생각에 순종해야 한다. 다시 말해서 우리는 순종함으로 놀라운 능력을 경험한다.

주님은 "네 입을 먼저 채우리라 그런 다음 입을 열라"가 아니라 "네 입을 넓게 열라 내가 채우리라"고 말씀하신다.

3장

모든 것을 담는 기름병

충만한 삶의 비밀

몇 년 동안 줄곧 과부와 그녀의 기름병으로부터 배운 원리들은 나에게 큰 도움이 되었다. 예를 들면, 30년 동안 나는 목회자의 아내였다. 그리고 목회자의 아내라면 으레 그렇듯이 원천이 바닥날 때가 많이 있다. 목회자의 아내는 종종 사람들의 기대나 비평을 받으면서 산다. 목회자나 그 아내 모두 다른 사람들의 필요를 채워주기 위해 항시 대기 상태에 있다. 목회자의 아내가 되면 자존심, 친구, 돈 그리고 에너지가 떨어지기 쉽다. 인내와 자비와 긍휼이 바닥날 수 있다. 하지만 기름은 절대로 바닥나지 않는다.

30년 동안 교회 사역을 하면서 나는 그 교훈을 몇 번이고 반복해서 배웠다. 심지어 내 속이 완전히 고갈됐을 때조차도 항상 나에게 능력을 주시고 힘을 주시는 성령께 의존할 수 있었고, 내가 다른 사람들을 위해서 나 자신을 희생하는 일에 순종할 때마다 그분 자신을 나에게 부어주시는 성령을 의지할 수 있었다.

근래 몇 년 동안 나는 강연과 저술 활동에 바쁜 시간을 보냈다. 국내에서 나를 초청하는 곳으로 가서 강연하기 시작했고 나중에 아이들이 더 자라자 전 세계를 돌아다녔다. 남편과 내가 교회에서 하는 역할을 바꾸고 전 세계를 돌아다니며 집회를 하기 시작하면서 본격적인 순회 사역이 시작되었다. 다시 말해서, 작은 기름병이 실제로 어떻게 역사하는지 점점 더 많이 배우기 시작했다.

예를 들면, 이 책을 쓰는 동안의 일이었다. 남편 스튜어트(Stuart)와 함께 오스트레일리아와 뉴질랜드에서 몇 주간의 사역을 마치고 귀국한 지 얼마 안 됐을 때였다. 남편은 먼저 해외로 나갔고 나도 다시 해외로 나가기 전에 집에서 며칠 동안 짧은 휴식을 취했다. 5주 동안 자녀들과 손자 손녀들과 떨어져 있었기 때문에 귀국한 즉시 딸의 가족을 만나기 위해서 시카고로

차를 몰고 갔다. 딸의 가족을 만나고나서 그날 밤 늦게 집에 도착했지만 마음은 기쁘고 행복했다. 하지만 기쁨도 잠시 다음날 일정을 위해 사무를 보고 이스라엘과 요르단에 가기 위해서 다시 짐을 꾸리는데 문득 휴식 시간이 이틀밖에 남지 않음을 깨달았다.

사무실에 있었던 그 다음날은 시간이 더디게만 지나가고 사역 팀을 다시 짜고 짐을 싸는 데 필요한 시간은 점점 빠르게 줄어들고 있는 것 같았다. 마침내 나는 서둘러서 그 일을 빨리 끝냈다. 그런데 짐을 막 꾸리고 난 뒤 책상 위의 전화벨이 울렸다. 그 전화를 받기 전에 잠시 망설였다는 것을 인정하지 않을 수 없다. 전화를 받았고 수화기 저쪽에서 어머니가 죽어가고 있다고 흐느끼는 한 남자의 목소리가 들렸다. 그 남자는 스튜어트가 장례식을 인도해줄 수 있는지 알아보려고 전화를 했던 것이다.

나는 그 남자의 어머니를 잘 알았다. 그녀의 이름은 제니(Jenny)였다. 제니는 우리가 이 나라로 처음 이사 왔을 때 이웃에 살고 있었다. 그녀의 남편은 우리의 사역을 통해서 처음으로 그리스도께 나아온 사람들 가운데 한 명이었다. 남편이 이곳에서 처음으로 집례했던 장례식 가운데 하나가 그의 장례식이었다. 제니는 비록 64킬로미터 떨어진 곳으로 멀리 이사갔지만 우리와 계속 연락이 되었으며 우리를 위해 열심히 기도해주는 든든한 후원자였다. 그녀는 주님에 대해서 듣고 싶어하는 모든 사람에게 주님을 전했고 특히 말년에 노인 요양원에 있을 때는 더욱 열심히 주님을 전했다. 그녀는 스튜어트와 나를 사랑했고 집에만 있게 된 후부터는 몇 년 동안 우리가 나오는 TV 프로그램을 빠뜨리지 않고 시청했다. 그녀의 생활 범위 안에 있는 사람들은 누구나 그 프로그램을 시청해야 했다.

나는 제니의 아들에게 남편이 해외에 있으니까 다른 목사를 연결해주겠다고 말하고나서 전화를 끊었다. 하지만 이미 마음 한 쪽에서 밀려드는 죄책감은 어쩔 수 없었다. '가서 그녀를 봐야 하는데' 라는 생각이 머리를 떠나지 않았다. 또한 그녀를 보러갈 수 없는 이유들이 즉시 떠올랐다. 뉴질랜드에서 귀국한 지 얼마 안 되었기 때문에 여전히 시차 때문에 피곤했을 뿐만 아니라 출국을 준비할 시간은 이 밤뿐이었다. 제니가 있는 병원은 적어도 차로 한 시간 정도 가야 하는 곳에 떨어져 있었다. 게다가 그녀는 이미 의식조차 없었다. 따라서 내가 거기에 간들 그 사실조차 모를 것이었다. 아무튼 그녀는 주위에 가족이 있었고 다른 목사도 부른 상태였다. 그러니 내가 필요 없었다.

하지만 하나님의 조용하고 나지막한 목소리는 나를 그냥 내버려두지 않았다. 일을 마치고 집으로 가기 위해서 차로 걸어가기 시작했을 때 갑자기 무서운 생각이 밀려오더니 전쟁은 시작됐다. 나는 기도했다. '주님, 제가 기진맥진한 상태라는 것을 아시죠. 제가 제니를 보러 갔는지 안 갔는지 아는 사람은 당신과 저 말고 아무도 없을 거예요. 아무튼 몇 년 동안 그녀를 만나지도 못했으니까요.' 하지만 아무 소용없었다. 왜냐하면 곧바로 열왕기하 4장의 익숙한 구절이 떠올랐기 때문이다. "그는 부었더니"(5절).

'그렇다면 주님, 제니에게 다녀올 수 있는 힘을 주세요.' 나는 기도했다. 고속도로를 달려 제니를 만나러갈 수 있는 힘이 생기길 기다리면서 차 안에 앉아 있었다. 하지만 힘은 오지 않았다. 여전히 내 몸에는 힘이 하나도 없었다. 하지만 어떤 기억이 희미하게 움트는 기분이 들었다. 작은 기름병이 생각났다.

"오, 주님." 나는 마침내 작은 목소리로 말했다. "이렇게 몇 년이 지났는데도, 제가 이 교훈을 아직도 제대로 배우지 못했나봅니다. 저를 용서해 주세요."

성령은 그분이 부어주시기 전에 내가 먼저 부어야 한다는 사실을 떠오르게 하셨다. 성령이 요구하시는 일을 할 수 있도록 필요한 것을 그분이 주시겠지만 그 전에 먼저

> 곧바로 열왕기하 4장의 익숙한 구절이 떠올랐기 때문이다. "그는 부었더니."

3장 모든 것을 담는 기름병 71

나는 마음속에 말씀하시는 성령의 목소리에 순종해야 했다. 마땅히 할 일을 향해서 출발해야 했다.

나는 너무나 피곤해서 한숨을 쉬었다. 차에 기어를 넣고 출발했다. 그날 밤 나를 향하신 하나님의 뜻을 순종하기 위해 출발한 것이다.

하나님의 역사

그날 밤 한참을 헤매다가 겨우 병원을 찾았다. 병원 현관을 들어섰을 때 내 모습을 본 제니의 딸이 갑자기 울음을 터트렸다. 하지만 내 몸은 더 나아지지 않았다. 사실 더 힘들어서 그녀를 진심으로 대하기도 힘들었다.

병실로 들어갔을 때 제니는 의식이 없고 숨을 거칠게 쉬고 있었다. 가족들은 그녀를 떠나지 않고 침대 곁을 지키고 있었다. 나는 제니의 손을 잡고 그녀에게 말하기 시작했다. 지난 세월 동안 우리를 따뜻하게 후원해주고 열심히 기도해줘서, 그리고 33년 전 우리 식구가 먼 이국 땅에 처음 도착했을 때 훌륭한 이웃이 되어줘서 고맙다고 말했다. 또 그녀가 예수님을 영접하고 그녀의 남편 스티브(Steve)도 예수님을 영접했던 일에 대해 말했다.

잠시 후에는 침대 곁에 있는 가족들에게 스티브의 장례식에 대해서 말하기 시작했다. 스티브의 장례식은 내가 미국에서 참석한 첫 번째 장례식이었다. 그래서 여러 가지로 어색했고 특히나 관 뚜껑을 열어놓는 것은 너무 낯설고 생소했다(영국에서는 그런 식의 장례를 치르지 않는다). 제니는 관 옆에 서서 손님들에게 인사했고 나는 목사의 아내로서 그녀 옆에 서 있어야 했다. 스티브의 장례식에 참석한 많은 조문객들은 멈춰 서서 마지막 경의를 표한 다음 의무를 다했다는 것에 안도하며 지나갔다. 그런데 슬픔에 잠긴 어떤 친척이 관 앞에서 오랫동안 서 있었다. 그녀는 계속해서 이렇게 말했다. "오, 살아 있는 것 같아요. 정말 살아 있는 것 같아요. 보세요. 죽은 것 같지 않아요!"

나도 당시에 '스티브가 살아 있는 것 같다'고 생각했던 것을 인정하지 않을 수 없다. 왜냐하면 장의사가 스티브를 죽기 전보다 더욱 건강한 모습으로 꾸몄기 때문이었다. 하지만 제니의 생각은 달랐다. 그녀는 최대한 오랜 시간을 조용히 기다리고 서 있다가 그 슬퍼하는 친척에게 불쑥 말했다. "아니에요, 아니에요. 잘못 아신 거예요. 남편은 **죽었어요**. '살았다'고 믿는다면 그 관을 닫고 땅 속에 묻을 수 없죠. 스티브는 그 관 속에 없어요. 이미 오래 전에 주님과 함께 있기 때문이죠."

그 친척은 깜짝 놀란 표정으로 그녀를 보았다. "육신을 떠났다는 말입니다." 나는 제니가 그녀에게 따뜻하게 말했을 때 끼어들며 말했다. "주님과 함께 있죠." 제니가 덧붙였다. 그 친척은 얼른 방에서 나갔고 제니는 나를 보고 웃음을 지었다. "모두에게 말해줘요, 질." 그녀가 말했다. 그리고 우리는 몇 시간 동안 관 옆에 서서 그렇게 말했다. 한편으로 생각하면 그것은 이제 막 과부가 된 사람이 희망의 메시지를 이웃들의 텅 빈 그릇에 부어주는 셈이었다.

"주님, 그것이 당신의 역사 아닌가요?" 나는 경이로움에 싸여 숨을 들이쉬었다. "우리가 붓기 시작하면 당신은 우리에게 부어주시죠."

내가 병실에서 그 이야기를 했을 때 잡고 있던 제니의 손이 움직였다. "말소리는 들으세요." 그녀의 딸이 나지막이 말했다. "간호사가 그렇게 말했어요." 제니가 내 말을 듣는다고 생각하니 자신감이 생겼다. 산소 마스크 때문에 얼굴을 볼 수 없었지만 제니는 우리가 함께한 추억을 음미하고 있다는 것을 알 수 있었다.

그날 밤 집으로 돌아오며 길을 잃는 바람에 여전히 기진맥진한 채로 집에 늦게 도착했다. 하지만 그날 밤의 일을 곰곰이 생각하자 마음이 가벼워졌다. 제니를 만나러가서 얼마나 기뻤는지 말로 다 표현할 수 없을 정도였다. 성령이 나를 재촉하셨고 나에게 힘을 부어주셨으며 나를 통해서 말씀하셨다. 부어줄 것이 하나도 없다고 생각하면서도 다 부어준 그리스도인 말고 누가 이런 기쁨을 알 수 있을까?

내가 할 일은 무엇인가?

우리가 여기 이땅에 사는 동안 숨을 거둘 때까지 다른 사람들의 삶에 기름을 부어줄 기회를 결코 잃어서는 안 된다.

사실, 다른 사람들에게 부어주는 것은 이땅에 우리가 태어난 이유라고 말할 수 있다. 그리스도인이라면 부어주는 것이 당연한 일이고 성령이 채워주심으로 인간인 우리는 그 일을 할 수 있다.

> 다 부어준 그리스도인 말고 누가 이런 기쁨을 알 수 있을까?

나는 이 사실을 평생 그 어느 때보다 지금 더욱 분명하게 알 것 같다. 30년 동안의 사역을 마치고 목회자 직분에서 은퇴한 후에도 남편과 나는 곧 다른 일을 시작했다. 사역하고 훈련시키며 설교하고 가르치는 일 말이다. 그 이후로 2년 동안 우리는 계속 그런 일을 하고 있다.

'주님을 위한 프리랜서'로 이런 일들을 하는 것이 기쁘다.

실제로 우리가 하는 일은 근본적으로 변하지 않았고 다른 그리스도인들이 하는 일과 전혀 다르지 않다. 여전히 우리는 우리의 삶을 변화시킨 사랑을 다른 사람들에게 부어주는 일을 하고 있다. 하지만 그 일을 이루는 방식은 이전과는 다르다. 그리고 스튜어트와 내가 엠브룩(Elmbrook)의 사역을 하러 세계를 자유롭게 다니는 그 시간에도 나 자신이 계속해서 배우는 과정이라는 것을 깨닫는다.

예를 들면, 나는 사람들이 많이 모인 곳에서 강연하는 데에 익숙해졌다. 하지만 방문하는 나라에 따라 사람들이 대규모로 모이는 것은 현명한 방법이 아니거나 심지어 불가능한 곳이 있다. 그런 경우 그리스도인들은 밥을 먹기 위해서 모이거나 공원에서 모이거나 단지 두세 명이 모이기도 한다. 사람들이 많이 모일 수 있음에도 불구하고 소수가 올 때도 있다. 대부분 우리의 사역은 생각지도 못한 곳에서 우연히 발생한다. 즉 예수님을 사랑하는 사람들이 비공식으로 만날 때 이루어진다.

이런 곳에는 예수님의 소식을 들어야 할 길 잃은 사람들과 따뜻한 격려를 원하는 신자들이 너무나 많이 있다. 그래서 이미 익숙해진 방법과는 조금 다르게 일을 해야 한다. 예를 들면, 나는 설교단을 떠나 있어야 할 때라든지 "집에 앉았을 때에든지… 길에 행할 때에든지"(신 6:7) 오로지 예수님에 대해서 말하는 방법을 배우고 있는 중이다. 요즘 내가 하는 일은 절대로 마음이 텅 비어 있지 않도록 나 자신을 하나님 앞에서 두 손을 가슴에 얹고 확인하는 것이다. 즉 매일매일 대모험 속으로 뛰어들기 전에 내 마음이 하나님의 생각과 사상, 그분의 명령과 약속으로 가득 차 있는지 확인하는 것이다.

이 점에 있어서는 시차가 실제로 도움이 된다. 시차 때문에 다른 사람들이 자는 동안 잠을 이루지 못할 때가 있다. 그럴 때 예전에는 잠자리에서 뒤척거리면서 잠을 자지 않으면 아침에 일을 할 수 없을 거라는 생각으로 초조했다. 하지만 지금은 늦은 밤 시간을 하나님으로 가득 채우는 방법을 배웠으며, 필요할 때 하나님이 내게 힘을 선물로 주신다는 것을 알고 있다. 앞으로 사역을 할 때, 나를 향한 하나님의 뜻 안에서 마음을 한 곳에 묶어두기 위해서 나는 그 시간을 사용할 것이다. 하나님과 나는 나의 공포증과 두려움, 불확실성과 부족함에 대해 이야기를 나눈다. 또 그리스도가 필요한 낯선 곳에서 놀라운 존재가 될 수 있는 특권에 대해서 대화한다. 그러니 시차 때문에 잠이 오지 않는 시간은 예기치 못한 선물이 되었다.

그렇다고 해서 내가 피곤하지 않다는 뜻은 아니다. 종종 "주님, 제 속에 아무것도 없어요. 전부 부어주었거든요"라고 작게 중얼거릴 때가 있다. 하지만 그때 어둠 속에서 그분이 나에게 오셔서 부어주신다. 그 순간에는 바로 느끼지 못하지만 그 다음날 내가 주위에 있는 텅 빈 그릇들에 붓기 시작할 때 하나님이 나에게 이미 부어주셨다는 것을 확실하게 경험한다. 주님은 나를 실망시키신 적이 없다.

거룩한 질문에 대답할 준비를 하라

사람들은 종종 묻는다. "먼 곳에 가서 어떤 일을 하세요?" 나는 대답한다. "그냥 순간순간 하나님과 사람들에게 쓰임받고 있는지 확인하려고 노력하죠." 그것은 또한 내가 집에서 하는 일에도 적용된다. 삶의 모든 영역에서 나는 순종하기 위해 준비한다. 다시 말해서 주변의 빈 그릇들에 나를 부어줄 준비를 한다.

베드로전서 3장 15절은 이것을 다음과 같이 말한다. "너희 속에 있는 소망에 관한 이유를 묻는 자에게는 대답할 것을 항상 예비하되 온유와 두려움으로 하고." '항상' 이라는 말은 단순히 며칠이 아니다. 주일마다도 아니다. 끊임없이 '계속' 이라는 뜻이다. 시차가 적응되어 위가 정상적으로 회복되거나 허리가 아프지 않을 때만이 아니다. 충분한 휴식을 취했거나 비타민을 먹어 기분이 좋고 자신감이 넘칠 때만이 아니다. 나에게 축복이 되는 사람과 일을 할 때조차 내가 복을 주는 사람이 될 준비를 하는 것, 그것이 내가 할 일이다.

우리가 준비한 대답은 동네 호숫가에서 낚시를 하다가 손자 손녀들에게 들려주는 것이 될 수 있고, 주일학교 행사에 참석하는 성인을 위한 것이 될 수도 있다. 그것은 실직했거나 고소당한 상태에 있는 이웃사람에게 해줄 말일지도 모른다. 어쩌면 나는 공허해하는 사람에게 엘리사가 되어 그 사람이 삶 속에 있는 성령의 채우시는 힘을 의지하도록 돕는 일을 하게 될지도 모른다. 그것은 내가 아플 때도 해야 하는 일들이다. 피곤할 때도 상담해야 하며, 웃을 일이 거의 없을 때도 격려의 미소를 지어주어야 하는 것이다.

미소는 확실히 사역에 꼭 필요한 기술이다. 마음에서 우러나오는 미소는 상대에게 안전하다는 느낌을 주고 대화를 시작할 수 있게 해준다. 그것은 다른 사람들에게 부어주는 또 다른 방식이다. 그러나 다시 한 번 말하지만, 부어주는 것은 우리 속에 있는 성령으로부터 시작되는 일이다. 우리의 마음을 자신감과 소망으로 흐뭇하게 만드는 것은 하나님 바로 그분이시다. 성령은 믿는 자의 마음을 움직여서 그분의 사랑을 방방곡곡에 뿌리신다. 그러면 우리는 하나님의 사랑이 세상 속으로 흘러들어가는 것을 발견한다.

물론 당신이 처한 상황은 나와 다르다. 당신은 곳곳을 돌아다니거나 강연을 하지 않을지도 모른다. 전임 사역자가 아닐지도 모른다. 하지만 그리스도인이라면 당신이 해야 할 기본적인 일은 내가 하는 일들과 같을 것이다. 다시 말해서, 당신은 성령 충만한 사람이 되고, 성령이 가능하게 해주실 것을 믿으면서 사랑으로 사역하며, 다른 사람들을 위해서 희생해야 한다.

교통 경찰에게 길을 물어볼 때나 노천 카페에 앉아서 웨이터에게 주문할 때나 거지에게 동전을 줄 때나 늘 부어줄 준비를 해야 한다. 공항에서 많은 사람들이 불편함으로 얼굴을 찌푸리고 있을 때 우리는 안전 요원들에게 이렇게 말하면서 웃을 준비가 되어 있어야 한다. "훌륭한 일을 해주셔서 감사합니다." 그리고 충격받은 상대방의 표정과 감사의 눈짓을 보상으로 받을 준비가 되어 있어야 한다. 그러면 그들에게 신약 성경을 건네며 대화하기가 쉬워진다. 차에 기름을 넣을 때나 방문하는 가정의 아이들에게 관심을 보일 때 하나님의 매우 중요한 역사가 일어날지도 모른다. 나는 이제 20-30년 전에 방문했던 집에 찾아가 어느덧 젊은 엄마가 된 이들에게 어릴 적 내가 잠자리에서 그들에게 해준 이야기 가운데 하나를 말해보라고 말할 수 있는 처지가 되었다.

그렇다고 큰 모임을 섬기는 것이 중요하지 않다고 말하는 것은 아니다. 그렇게 생각했다면 30여 년 동안 강연 사역을 하지 않았을 것이다. 하나님은 우리 가운데 어떤 사람들을 불러 글을 쓰고 강연을 하면서 사역하라고 하신다. 나는 그것을 영광스러운 소명이라고 믿는다. 그럼에도 불구하고, 때때로 편부모 가정의 자녀나 반항하는 선교사 자녀와 마음을 터놓고 대화를 한창 하고 있을 때 조용하고 나지막한 목소리가 내 속에서 들려온다. "이 일을 하기 위해서 네가 수천 마일 떨어진 곳에서 온 것이란다." 또는 성경을 한 번도 읽은 적이 없거나 실제로 살면서 성경을 가져본 적이 없어서 성경에 몹시 굶주린 여자를 섬기는 것과 같은 매우 중요한 일을 하게 될 수도 있다. 그녀는 요르단의 세련된 젊은 여성 사업가나 인도네시아의 가게 주인, 인도의 행상인, 구 소련 연방의 십대 가수, 고향의 슈퍼마켓 점원일 수 있다. 살면서 어느 시간과 장소에서도 이들 누구에게나 대답할 준비가 되어 있어야 한다. 항상 성령의 능력으로 그것을 준비해야 한다. 그것이 내 일이며 매주, 매일 해야 할 일이다.

긍휼한 마음을 가져라

내 마음을 몰라주는 사람들도 측은히 여기는 마음으로 가득 채우는 것 또한 내가 해야 할 일이다. 이렇게 말하기는 쉬워도

실천하기는 어렵다. 나는 그리스도 안에서 유대인이나 헬라인이나 백인이나 흑인이나 남자나 여자나 할 것 없이 그리스도 예수 안에서 하나라는 사실을 너무나 잘 알고 있다. 하지만 인간적으로 말해, 어떤 사람들하고는 쉽게 잘 지내지만 다른 사람들과는 그렇지 못하다.

영국인으로 태어나서 영국에서 산 만큼 오랫동안 미국에 살았으면서도, 다시 말해서 대서양의 한가운데에 확고하게 뿌리내린 후에도 나는 흥분을 잘하는 라틴계 사람들이나 극도로 친절한 일본 사람들이나 입담 좋은 이스라엘 사람들이나 적대적인 러시아 사람들과 관계 맺기가 항상 쉽지만은 않다. 게다가 정말로 사이좋게 지내고 싶지 않은 사람들이 주위에 항상 있게 마련이다. 하지만 나는 그리스도인이기 때문에 나를 편안하게 해주며 사랑하는 사람들하고만 지낼 선택권이 없다. 나는 그 이상의 일을 해야 한다.

이런 이유 때문에 나는 예수님이 필요하다. 그리고 다행히도 이런 이유 때문에 내 곁에는 **예수님이 계신다**. 예수님은 내가 사람들과 더불어 살기를 바라신다. 그리고 예수님이 원하시는 것은 내가 원하는 것보다 훨씬 더 중요하다. 그분은 그들 모두를 사랑하신다. "음, 좋아." 나는 중얼거린다. "나도 그들을 사랑해야지." 자연스럽게 마음이 끌리는 사람들만 사랑하도록 되어 있지 않은 것이 우리에게 주어진 진실이다.

다행인 것은 예수님이 내 마음대로 하게 내버려두지 않으신다는 것이다! 예수님은 성령을 통해 하나님의 사랑을 내 마음속에 부어주신다. 그럴 때 내 마음은 모든 사람들에게 고루 돌아갈 정도로 사랑이 충분해진다. 때때로 아무리 순종하려고 해도 사랑하기 힘든 사람이 있는데 그럼에도 그에게 사랑을 부어줄 때 예수님은 내 힘으로 끌어 모을 수 있는 것보다 더욱 깊고 더욱 넓게 하나님의 사랑을 내게 부어주신다. 우리의 삶에서 그런 원리는 매우 중요하다. 왜냐하면 그분의 긍휼하심은 내가 절대로 선택하고 싶지 않는 곳으로 종종 나를 이끌기 때문이다. 그것은 당나귀 등에서 내려와 구덩이로 들어가서 더러워지는 것과 같은 긍휼이다.

이 구덩이 속에는 내가 인도하는 성경 공부를 듣기 위해서, 작가에게 인사를 하고 사인을 요청하기 위해서, 내가 그들의 삶에 미친 영향에 감사하다는 인사를 하기 위해서 질서 정연하게 줄을 선 그리스도인들은 없다. 이 구덩이 속에서 나는 내 성격이 얼마나 좋은지, 영적으로 얼마나 성숙한지 시험받게 될 것이다. 동시에 주님이 주시는 사랑의 능력을 가장 깊이 느끼게 될 것이다.

이 구덩이에서 내가 만나게 될 사람은 평생에 여덟 번 낙태를 한 러시아 여자이거나, 양떼를 치다가 지뢰를 밟아 발 하나로 서서 눈 하나로 세상을 보는 어린 소년일지도 모른다. 또는 근처 운동장에 있는 시무룩한 십대이거나 남편이 집을 나가서 세상을 향한 분노로 가득 찬 이웃 여자일지도 모른다. 내가 자신의 구덩이에 들어오는 것을 원하지 않으니 떠나라고 무례하게 요구하는 사람들이 틀림없이 많을 것이다. 물이 전혀 흐르지 않는 더러운 구덩이 속에서 아무도 말해주는 사람이 없었기에 자신이 방황하고 있는지조차 전혀 알지 못하는 사람들도 있을 것이다. 나는 이 불결한 구덩이에 내 기름을 가져와 상처입은 사람들의 깊은 상처에 기름을 부을 수 있다.

신뢰할 수 있는 공급자가 되어라

그렇다면 내가 할 일은 무엇인가? 다시 한 번 말하지만, 내 일은 당신의 일과 똑같다. 그것은 공허해하는 세상 사람들과 그리스도의 긍휼을 나누기 위해서 내가 지닌 긍휼의 한계를 뛰어넘는 것이다. 그것은 하나님이 나를 통해서 사람들을 사랑하시게 하는 것이다. 구덩이 속에서든 길 위에서든 그 일을 할 준비를 항상 해야 한다. 그것은 봐주는 사람도 없고 박수 쳐주는 사람도 없으며 감사도 받지 못하고 보상도 받지 못하며 사례비

나 여행 경비가 준비되어 있지 않고 결실이 보이지 않는 상황 속에서 하는 일이다. 오직 가장 적절한 때에 내가 도움이 필요한 나라에 있다는, 다시 말해서 적절한 길가, 적절한 구덩이에 있다는 내적 확신이 드는 곳에서 나의 삶을 다른 사람들의 삶에 부어주는 일을 기쁘게 하는 것이다. 내가 그분의 뜻을 이루고 있다는 것을 알 때 마음 깊은 곳에서 기쁨이 넘칠 것이다. 당신도 알겠지만 그 기쁨은 나를 가득 채울 정도로 충분하다.

긍휼한 마음으로 다른 사람들에게 나의 삶을 부어주라는 그리스도의 명령은 여전히 힘든 일일 수 있다. 주의를 기울이지 않으면 전혀 예상치 못할 때 나는 아무것도 없는 상태가 될 수 있다. 예를 들면, 나는 요즘 해외 사역에 나를 희생하는 것이 점점 더 쉽다는 것을 알아가고 있는 중이다. 나와 매우 다른 사람들에게 보다 더 쉽게 다가가게 되었다. 사실 내가 하는 일 가운데 가장 힘든 부분은 사역하기 쉬운 곳에서 다시 적응하는 것이다. 명백히 도움이 필요해보이는 곳을 떠나서 도움의 필요성이 별로 느껴지지 않는 풍족한 곳으로 돌아가서도 매일매일 하나님과 내가 할 일에 계속 집중하는 것이다. 나의 도전 과제는 가진 것이 거의 또는 아무것도 없는 사람을 사랑하는 만큼 모든 것을 가진 사람들을 사랑하는 것이다.

물론 다행히도 하나님은 내가 해외에서 사역할 때처럼 집에 왔을 때에도 동일한 힘을 공급해주신다. 일단 내 삶에 성령을 받아들인다면 아무것도 없을지라도 내 병에는 항상 기름이 넘칠 것이다.

몇 년 전 미시간(Michigan) 주 어퍼 페닌슐라(Upper Peninsula)에 있는 아들이 섬기는 교회를 방문했다. 나는 그 작은 마을에 사는 친절한 성도들에게 설교할 때 매우 기뻤다. 나는 작은 기름병에 대해서 말했고 그 진리가 내 삶과 사역에 어떤 영향을 주었는지 모두 전했다. 큰 손자는 그 당시에 다섯 살이었는데 설교하는 동안에 그림을 그리고 있었다. 예배가 끝나자 손자는 자신이 그린 그림을 나에게 보여주었다. 그 아이는 내 이야기를 주의 깊게 들었는지 내용을 잘 표현해놓았다. 그 당시 내 손자는 그림을 매우 잘 그리는 훌륭한 꼬마 예술가였다. 한 과부가 그녀의 아들이 지켜보는 가운데 기름을 병에 붓고 있었다. 대니(Danny)는 그림을 다 그리고나서 제목을 다음과 같이 붙였다. '모든 것을 채워주는 기름병.'

손자가 기름(oil)이라는 말을 모든(all)이라는 말로 들은 것이 이 할머니의 영국식 악센트 때문인지 하나님의 영감 때문인지 알 수는 없다. 하지만 아이는 진실로 그 의미를 제대로 알아맞히고 있었다. 부어줄 때 성령은 그분의 역사를 당신 속에서 시작하신다. 그분은 순간순간 그리고 매일 매시간마다 당신에게 필요한 모든 것을 부어주실 것이다. 당신이 공허하거나 텅 비거나 기력이 모두 빠져나간 느낌이 든다면, 성령의 바람을 기다리고 있다면 그분에게 도와달라고 부르짖으라. 그런 다음 주변에 자신을 부어주고 선한 것이 흘러나오기 시작하는 것을 느껴보라.

나의 모든 회복된 힘과 내가 가진 모든 것들과
삶의 모든 야망을 당신의 보좌에 내려놓습니다.
나의 모든 사랑과 웃음, 모든 고통과 눈물,
모든 생각과 의심과 두려움도 내려놓습니다.

내가 저지른 모든 끔찍한 실패와 모든 이익과 손해를,
모든 보잘것없는 단점과 모든 죄와 교만함을,
내가 했던 모든 교활한 행위와 감췄던
모든 혐오스러운 일을 내려놓습니다.

오직 간절히 바라는 은혜를 내려주시고 용서해주소서.
내 영혼이 기쁨으로 노래할 때까지
갈망하는 평안을 내려주소서.
눈물을 잊고 죄가 기억나지 않을 때까지,

예수님이, 오직 예수님만이

나의 가장 소중한 존재가 될 때까지 평안을 주소서.

나의 모든 공허한 곳을 채워주소서.

마음속에 있는 상처를 치료해주소서.

나의 삶을 바꿀 수 있는 힘을 주소서.

다시 태어나게 해주소서.

나의 삶을 주관하소서, 주 예수님.

내가 앞으로 보낼 날들을 주님은 아십니다.

당신의 나라 일에 그 시간을 써주소서.

생명이 다하는 날까지.

내가 간청한 모든 능력을 보내주소서.

모든 은혜와 평안을 주소서.

당신의 임재를 느끼게 하시고

성령의 감미로운 해방감을 주소서.

나를 통해 나누어주기를 바라시는

당신의 모든 위대한 힘을 주시고,

신선한 이 모든 능력을

나의 마음속에 부어주소서.

- 질 브리스코

곤고한 삶을 채우는 작은 기름병 하나

1쇄 인쇄 / 2006년 2월 28일
1쇄 발행 / 2006년 3월 15일

지은이 / 질 브리스코
옮긴이 / 원혜영
펴낸이 / 양승헌
펴낸곳 / ㈜도서출판 디모데 〈파이디온선교회 출판 사역 기관〉

등록 / 2005년 6월 16일 제319-2005-24호
주소 / 서울 동작구 사당동 1045-10
전화 / 영업부 031)908-0872
팩스 / 영업부 031)908-1765
홈페이지 / www.timothybook.com

값 6,000원
ISBN 89-388-1223-5
Copyright © ㈜도서출판 디모데 2005 〈Printed in Korea〉

도서출판 디모데의 '작은 책, 큰 감동 시리즈'

남편과 아내가 기도의 손을 잡을 때

저자들은 이 책을 통하여, 매일 함께 기도하겠다는 결심이 어떻게 서로를 더욱 이해하게 하고, 갈등을 해소하며, 두 사람의 마음을 영적으로 단단하게 엮어주는지 밝히고 있다. 이 책에 나오는 30일 간의 도전을 당신의 것으로 삼으라. 어렵지만 의미 있는 그 일을 통해 당신의 삶과 부부 사이와 당신의 가정은 놀라운 사랑으로 가득 차게 될 것이다.

데니스 & 바바라 레이니 지음 / 김창동 옮김 / 167쪽 / 값 6,000원

영적으로 건강한 가정 만들기

믿음이 날마다 자라나는 가정을 원하지만, 그러면서도 어떻게 하면 그렇게 할 수 있을지 확신이 서지 않는가? 하나님께 영광을 돌리고, 놀랍도록 풍성한 영원의 수확을 거둘 수 있는 씨앗을 뿌리기 위한 현실적이고 유용한 전략들을 배우라. 당신의 가정도 영적으로 활력이 넘치고, 성장하는 기쁨을 누릴 수 있다.

데니스 & 바바라 레이니 지음 / 김창동 옮김 / 127쪽 / 값 6,000원

그 길에서 서성이지 말라

이 세상 문화와 사탄은 성을 포장하고 교묘하게 이용해 우리가 순결한 삶을 살지 못하게 한다. 그래서 어떤 사람들은 순결한 삶을 포기한다. 어떤 사람들은 시도해본 적도 없다. 부정은 항상 우리를 파괴한다. 순결은 항상 우리를 더 높은 기쁨으로 이끌어준다. 성적으로 순결한 삶을 삶으로써 하나님께 영광을 돌리라. 그렇게 한다면, 우리는 오늘뿐만 아니라 영원토록 그분의 축복과 상급을 체험하게 될 것이다. 그리고 기쁨으로 가득한 감사의 마음으로 우리의 인생을 뒤돌아보게 될 것이다.

랜디 알콘 지음 / 원혜영 옮김 / 150쪽 / 값 6,000원

성령이 내게 임하시면

성령 하나님은 우리 삶 속에서 능력 방정식에 변화를 가져다주신다. 왜냐하면 성령님이 공급해주시는 것은 그리스도의 초자연적인 능력이기 때문이다. 이 책은 우리에게 성령님에 대해, 성령님의 목적과 우리를 향한 공급하심에 대한 통찰력을 제공해준다. 성령님의 열매, 능력, 인도하심을 친밀하게 알게 됨으로써 승리와 기쁨의 삶을 살게 될 것이다.

토니 에반스 지음 / 정현 옮김 / 130쪽 / 값 6,000원

결혼 생활의 압력을 극복하는 쉼표 하나

달마다 은행에서 날아오는 지출 청구서, 자동차 고장, 제멋대로인 아이들 때문에 당신은 지쳐가고 있는가? 너무 늦기 전에 당신은 이 귀중한 책에서 압력 수위를 측정하고, 스트레스로부터 마음이 편안해지는 하나님의 길로 인도하는 여섯 가지 용기 있는 선택들을 발견할 것이다. 부부로서 같이 팔짱을 끼고 나란히 걷는 모습으로 최고의 결혼 생활을 누릴 수 있도록, 압력을 견뎌내는 협력 관계를 위하여 당신을 인도할 것이다.

데니스 & 바바라 레이니 지음 / 양대모 옮김 / 119쪽 / 값 6,000원

나는 너를 용서하였다

용서 구하기… 결단코 늦지 않았다. 당신이 아무리 엄청난 죄를 지었다고 해도 하나님은 여전히 당신이 돌아오기를 기다리신다. 이것이 바로 복음이다. 이 책은 당신의 양심을 정결하게 하며 상한 관계를 회복하는 방법에 관해 알려준다. 우리가 저지른 실수보다 더 크신 하나님을 기억할 필요가 있는 모든 사람들을 위한 것이다. 인생이라는 여정 속에서 엉뚱한 길로 빠진 적이 있는 우리 모두를 위한 책이다.

어윈 루처 지음 / 박혜경 옮김 / 112쪽 / 값 6,000원

은혜의 어린 양과 진리의 사자

은혜 없는 진리는 자기 의에 빠진 율법주의를 낳는다. 진리 없는 은혜는 자기 기만과 도덕적 타협을 낳는다. 은혜와 진리, 둘 다를 취하는 것이 가능한가? 예수님은 그렇게 하셨다. "결국 우리는 은혜와 진리, 둘 가운데 하나만을 취해서는 안 된다. 우리에게는 은혜 그리고 진리, 둘 다가 필요하다. 사람들이 우리 안에 있는 그리스도를 볼 수 있도록 하기 위해서는 우리 안에 은혜와 진리가 충만해야만 한다."

랜디 알콘 지음 / 박혜경 옮김 / 144쪽 / 6,000원

인생을 바꾸는 축복의 말

말로 표현된 축복이 몇 년간의 쓰디쓴 상처로부터 자유하게 한다면 이보다 더 큰 기적이 어디 있을까? 말로 표현된 축복이 남편과 아내의 벽, 부모와 자녀의 벽, 친구 사이의 벽을 허물어버릴 수 있다면 어떨까? 당신이 축복을 말로 표현할 때, 주님은 하나님의 능력 있는 이름과 살아 있는 말씀을 사용하셔서 당신이 축복하는 사람들의 삶에 역사하실 것이다.

빌 가써드 지음 / 조은혜 옮김 / 101쪽 / 6,000원

내 힘으로 일하는 사람
하나님 힘으로 일하는 사람

우리는 너무나 자주 스스로의 최선의 노력을 드림으로써 하나님을 섬기는 것에 자족한다. 우리의 최선의 노력을 성령의 능력과 비교해본다면 어떨까? 세상이 정말 볼 필요가 있는 것은 우리의 능력인가, 아니면 하나님의 능력인가? 이 책의 목적은 당신의 삶에서 성령의 역할에 관한 성경적인 가르침을 재조명하고, 타고난 재능과 영적 은사 간에 존재하는 분명한 혼동을 바로잡으며, 하나님의 계획에 당신을 조정하도록 도울 것이다.

헨리 & 멜 블랙커비 지음 / 박혜경 옮김 / 102쪽 / 값 6,000원
워크북 115쪽 / 값 6,000원

열정의 회복

이땅에서 예수님이 던지신 마지막 질문에 대한 답은 바로 당신이다!
예수님이 가장 소중히 여기셨던 것을 소중히 여기는 것 이상으로 예수님을 향한 우리의 사랑을 더 잘 증명할 방법은 없다. 예수님이 베드로에게 던지셨던 마지막 질문은 우리에게 그리스도인으로서 살아간다는 것이 무엇인지를 깨닫도록 도전한다. 사람들은 사랑과 양육과 구조의 손길을 기다리고 있다. 예수님은 그들에게 대답이 되라고 우리를 부르고 계신다.

조셉 스토웰 지음 / 박혜경 옮김 / 114쪽 / 값 6,000원